ROMANZI E RACCONTI

Dello stesso autore
nel catalogo Marsilio

L'americano di Celenne
Ballo ad Agropinto
La carovana Zanardelli
L'ultima sposa di Palmira
Viaggiatori di nuvole
Atlante immaginario
L'albero di stanze
Gli anni del nostro incanto

Giuseppe Lupo

Breve storia del mio silenzio

Marsilio

Pubblicato in accordo con Grandi & Associati, Milano.

Prima edizione: ottobre 2019
ISBN 978-88-297-0253-4
www.marsilioeditori.it

BREVE STORIA DEL MIO SILENZIO

Ai miei genitori, i primi maestri,
e a tutti gli altri che lo sono stati

Chi ha troppe parole non può che essere solo.

ELIAS CANETTI, *Il cuore segreto dell'orologio*

1
In principio

Ho quattro anni e vedo mia madre in cima alla scala, che lucida il lampadario d'ottone. Strofina con l'ovatta imbevuta di Sidol, ma lo fa con troppa calma per essere la vigilia di Natale. È in ritardo sulle pulizie, come sempre. Quel tempo non va sprecato. Mio padre gironzola intorno e non muove un dito. Guarda, contempla, misura a occhio. In questo disordine sento dire: «Fra poco avremo sorellina.»

«Quando?» domando io.

Mia madre appoggia il Sidol sul ripiano e con la mano indica cinque: gennaio, febbraio, marzo, aprile e maggio. «Ancora ce ne vuole» tranquillizza. E riprende a lucidare.

«Se viene e non ci trova?»

«Ci troverà, ci troverà.»

Io non ricordo cosa sia accaduto tra l'annuncio dato la vigilia di Natale e la caldissima notte di maggio in cui mia sorella è nata. So solo che i miei genitori hanno continuato a parlarmene. Dicevano che ero stato io a chiedere a Gesù: «Mandami presto una compagnia.» E Gesù mi aveva ascoltato.

Io aspettavo e contavo: «Siamo a maggio?»

Quando arriva maggio, mi trovo dai nonni paterni. Vengono a chiamarmi e mi portano a casa, nella stanza da letto dei miei genitori. Mia madre accarezza un groviglio di stoffa bianca, vuole che mi accosti, ma le gambe sono pezzi di legno. Più lei insiste, più io ho voglia di sparire. Le sue braccia stringono un'altra creatura, il mondo non appartiene più a me. Non dico nulla. Mi volto e scappo dai nonni: sorellina non è arrivata qui, il mondo è rimasto intatto.

Nonna è la prima a raggiungermi. Io cerco di parlare, ma la voce rimane sepolta. Mi sforzo, faccio un respiro, riprovo. Non c'è modo di spingerla fuori. Nonna è spaventata: scendono a lei le lacrime, non a me. Quel giorno, il giorno in cui Gesù ha ascoltato le mie preghiere, le parole si fanno nemiche e io inizio a provare il loro male, che è una specie di voragine di cui non si vede il fondo. La storia del mio silenzio incomincia così.

Nessuno si aspettava quella reazione. Non tornai a casa per una settimana e mio padre, quando veniva ad accertarsi che stessi bene, assumeva un tono comprensivo: «Dai che sorellina ti vuole vedere.» Io facevo di no con la testa. Nemmeno lui poteva immaginare la malattia che sentivo in bocca, il desiderio di parlare e non poterlo fare.

Quando la rividi, mia madre finse di non accorgersene. Io badavo a controllare dove fosse mia sorella e lei scopriva un lembo di lenzuolo per mostrarmela.

«Non ti pare bella?»

Mi sentivo un soprammobile senza mobile. Una sola domanda avrei voluto rivolgerle, ma restava nel sottosuolo.

I miei genitori si erano conosciuti nell'aula di una scuola elementare, entrambi supplenti, mia madre al primo incarico, mio padre con qualche anno d'esperienza in più. A quell'epoca assomigliava al pugile Cassius Clay, almeno così me l'avrebbe mostrato la fotografia sulla patente: riccio e nero di capelli, taglio a spazzola, il sorriso di chi scommette sulle idee. Era stato eletto sindaco a ventisei anni, in un'epoca in cui i capifamiglia si radunavano in municipio in cerca di impieghi stagionali, chi al rimboschimento, chi all'acquedotto. Mia madre aveva sentito parlare di questo sindaco dalle donne che frequentavano i corsi di alfabetizzazione popolare, sicché poi, quando se lo trovò di fronte, ebbe conferma di quel che dicevano, cioè che si era dato da fare come meglio poteva per aiutare chi si trovava senza lavoro e questo gli era costato la carica di sindaco, perché alla fine, accontenta accontenta, qualcuno resta deluso.

Nessuno dei due corse troppo avanti in materia di sentimenti. I loro discorsi cominciavano e finivano con i libri, tanto che alla fine si trovarono sposati senza essersi dichiarati mai nulla di definitivo. Se questa sia stata una buona soluzione non l'ho mai capito, però so che il loro dialogo era cominciato con il gesso delle lavagne e sulle lavagne sarebbe continuato per sempre, tant'è che anche dopo, negli anni a venire, se qualcuno mi avesse chiesto cosa li avesse fatti innamorare avrei risposto che era stata colpa degli abbecedari appesi ai muri, dalla A di ape alla Z di zebra. Detta così, sembrerebbe una storia superficiale, invece aveva una radice solida perché fare scuola, per entrambi, era un modo per sostenere le impalcature del mondo.

All'origine della loro anomalia sentimentale c'era la convinzione che insegnare l'alfabeto agli alunni era un po' come guardarsi negli occhi, riconoscersi una sola carne, per cui penso davvero che se non ci fossero stati banchi e lavagne non sarebbero diventati marito e moglie. La differenza stava nella diversità dei percorsi: mia madre lineare fino al diploma, una maestrina dai modi missionari e intransigenti, mio padre disordinato e autodidatta, tranne per il quarto anno di magistrali, frequentato in un istituto di Foggia.

L'altra grande differenza era che mio padre non si sentiva predestinato, mia madre sì. Era stata la sua maestra a capirlo, entrata di prepotenza nei racconti di famiglia e sempre in termini di ufficialità: «Lo dico alla maestra Rigillo», «Chiamo la maestra Rigillo», ripeteva lei per zittirmi quando protestavo. La maestra Rigillo aveva la smorfia del disprezzo disegnata sul volto, almeno io così me la ricordo, l'unica volta che mi capitò di vederla. Poi la sua faccia entrò in un ovale al cimitero, da visitare il 1° novembre, ma continuava a tenere la bacchetta in mano anche nella cappella dei morti. Io lo capivo da mia madre che si avvicinava in punta di piedi per infilare una rosa nel portafiori e non azzardava un saluto più espansivo di una mano aperta e presto richiusa, un gesto che poteva sembrare frettoloso e invece conservava l'umiltà di non sentirsi all'altezza del mestiere.

Tra largo Zanardelli e via Luisa, cioè tra casa nostra e quella dei nonni, esisteva una stradina dove l'acqua scesa dai pluviali scolava secondo la direzione del vento o la pendenza delle buche. Non aveva un preciso nome topografico, tutti la chiamavano la Stretta e io non so come abbiano fatto i miei genitori a passarci, uno di fianco all'altra, nella posa di una coppia uscita dalla chiesa, lei in abito bianco, lui in un vestito grigio antracite, e con un corteo di visi che cercavano il fotografo.

Era fine dicembre quando si sposarono e ballarono al suono di un'orchestrina a casa dei nonni paterni, mangiarono un bignè alla crema, un assaggio di rustici e poi, sul finire di un giorno corto e soleggiato, l'auto di un amico li accompagnò al treno. Mio padre avvertì la forza di un lampo quando attraversò la Stretta, però abbozzò nient'altro che un sorriso perché voleva conservarsela nell'anima, questa forza, svelarla piano piano alla ragazza che stringeva al fianco o magari dopo, a bordo di un trenino che da Potenza li avrebbe portati a Roma e da Roma all'Appennino del Centro Italia, lungo i saliscendi di quel cristianesimo spirituale e povero come solo in Umbria sanno intendere. Fu un'avventura il loro viaggio di nozze, ma di una specie mistica: visitarono le chiese di Assisi, la tomba di santa Rita a Cascia, il presepe di Gubbio e riuscirono a raggiungere

Firenze la sera del 31 dicembre. Trovarono alloggio in un albergo nei pressi della stazione e festeggiarono il passaggio al 1963 con un pezzo di cioccolato fondente e una bottiglia di spumante.

Mio padre aveva fretta di aspettare un figlio e sperava che questa notizia gliela portasse Firenze, la città degli scrittori, così sarebbe diventato scrittore anche il suo bambino. Mamma me ne parlò una sola volta, prima che partissi per l'università, e solo per un caso fortuito non andai a studiare in quella città, che un po' mi appartiene. La considero un luogo dove ho cominciato a vivere, sia pure di una vita disegnata da altri.

Sono nato in un comprensorio di curve ammorbidite da boschi che i geografi chiamano Subappenino meridionale. Le montagne che chiudevano lo sguardo – il Vulture a nord, Pierno e Santa Croce a sud – formavano una gabbia di memorie ereditate con troppa svogliatezza da chi cercava una strada per la vita ed erano le porte involontarie da dove allontanarsi sapendo che, qualsiasi meta uno avesse avuto in mente, non sarebbe stato un viaggio di poche ore.

Sono nato nel letto dei miei genitori, non sproporzionato in altezza come quello dei nonni, ma abbastanza grande, almeno per me e mia sorella, quando ci salivamo per saltare sulle reti. A vedermi per prima è stata la nonna paterna, subito dopo anche l'altra, la madre di mia madre. Erano entrambe lì, ad assistere la levatrice già vecchia, che nessuno chiamava per nome, ma con un appellativo che accendeva pensieri misteriosi: la mamma di Annibale Boni, non specificando null'altro della sua identità, come se tutto il merito fosse di aver generato Annibale Boni, un maestro di scuola elementare, un uomo che non ha avuto seguito nella mia vita e con cui i miei genitori avrebbero avuto poco a che fare.

Mentre io nascevo, mio padre si trovava nel soggiorno, dov'era il divano su cui la sera, negli anni successivi, avrei steso lenzuola e coperte che poi ripiegavo prima di andare a scuola. Ogni sera e ogni mattina così, almeno fino ai sedici anni, cioè fino a quando non cambiammo casa. Camminava avanti e indietro, cinque o sei passi da un angolo all'altro, e non sapeva come rispondere a zio Gildo, il quinto dei suoi fratelli, che bussava al muro della cucina dei nonni paterni per chiedere notizie: «È nato? Posso cuocere gli spaghetti?»

Questa storia la voglio raccontare per esteso. Prima che entrassero in funzione i telefoni, nell'abitazione dei nonni esisteva una specie di rientranza chiusa da ante, utile per conservare pentole, coperchi, detersivi, piatti, apriscatole e apribottiglie. Era una nicchia con una finta porta e un foglio di mattoni sottile come uno strato di cipolla. Dall'altra parte, cioè a casa nostra, corrispondeva a un pezzo di parete di fianco al letto dei miei genitori. Quando c'era bisogno di comunicare, mio padre indicava il muro: «Senti che fanno di là.» E io andavo a bussare.

Zio Gildo era il più lesto a raccogliere il picchiettio.

«Altolà!»

«Altoqua!»

"Altolà" e "altoqua" erano parole d'ordine, come se io e lui fossimo sentinelle all'ingresso dei rispettivi accampamenti. Dopodiché il dialogo scivolava sulle circostanze meteorologiche: il caldo, la pioggia, il freddo, la neve.

Il giorno in cui nascevo, zio Gildo aveva l'ansia di accertarsi se poteva calare gli spaghetti nell'acqua che bolliva e ripeteva «altolà», «altolà». Mio padre non poteva entrare nella stanza del parto per rispondere «altoqua». Sentiva i lamenti di sua moglie e camminava, taceva, si accostava ai vetri del balcone, fumava sigarette. Il cielo era azzurro, ma lui non era nello stato d'animo per ammirarlo. A un certo punto gli arrivò un trambusto di mani e di lenzuola, gli arrivò il mio pianto e alla fine sentì la voce di nonna che rispondeva al muro: «Cala gli spaghetti!»

Io penso spesso a quell'alfabeto di tocchi e rimbalzi, dico che è stato il primo linguaggio a entrarmi in testa: un *tam tam* che apriva ai segreti del mondo alle nostre spalle, quello di via Luisa, l'altra faccia della mia infanzia. Penso anche che ogni cosa sia discesa da lì: il camminare nel tempo, il voler mettere ordine nel magazzino della memoria. Se proprio devo trovare una ragione per cui amo i segni delle scritture, tutti indistintamente, questa ragione io la trovo in quel tamburo che provocava il galoppo del cuore e ci avvertiva che non eravamo soli sulla faccia della terra.

Quando non avevo ancora compiuto tre anni, i miei genitori si erano divertiti a sperimentare un gioco pedagogico inventato da studiosi americani, che permetteva di memorizzare i nomi di oggetti scritti su un cartoncino. Mia madre non premeva mai la penna sulla carta, piuttosto l'accarezzava con la punta, nello stesso saliscendi che compie una nave sulla riga di un mare, e accompagnava la sua grafia con la descrizione delle lettere: la *b* aveva il pancione, la *d* il sedere, la *l* somigliava alle orecchie del cavallo, la *t* era l'antenna sui tetti, la *m* aveva tre gambe come nella parola "mamma".

Io ribattevo: «Ma tu hai due gambe!»

La *n* aveva due gambe, non la *m*. Però ci credevo perché la parola "mamma" era un'infinita moltiplicazione di gambe. Mia madre sorvolava sulle obiezioni e mi sottoponeva i cartoncini: "cavallo", "macchina", "fischietto", "treno", "cubetti". Io leggevo e correvo a toccare gli oggetti con il dito.

All'esperimento aveva assistito una volta mio nonno paterno. Capì il meccanismo e lo mise in pratica all'insaputa di tutti nella bottega di generi alimentari. Usava anche lui cartoncini colorati, ma tracciava geroglifici più che parole.

Non appena entrava un po' di gente, tirava fuori i cartoncini e me li metteva sotto il naso: "maltagliati", "perciatelli", "tubettoni", "bucatini". Io mi precipitavo ai cassetti del mobile, indicavo uno per uno i formati di pasta – maltagliati, perciatelli, tubettoni, bucatini – e tornavo da lui.

«Avete visto?» chiedeva nonno ai clienti come farebbe l'impresario di un circo. «Ha finito due anni quattro mesi fa.»

La notizia arrivò alle orecchie dei miei genitori, che sospesero l'esperimento. Mio padre prese da parte suo padre e gli parlò serio: «Vuoi che tuo nipote abbia la nominata?»

Nonno subì a malincuore la censura e tolse di mezzo i cartoncini, ma non li strappò. Li trovai nel cassetto dove teneva le banconote, quando arrivò il momento di vendere la bottega, anni dopo, ed è stato l'unico rimasuglio di quel potenziale cabaret che nasceva dalle sue mani tremolanti. C'è una foto che ci ritrae entrambi, la scattò mio padre il pomeriggio di una domenica primaverile. Siamo in cima alle scale di casa: io porto i pantaloni all'inglese e i calzettoni bianchi, nonno ha il cappotto poggiato sulle spalle e la sigaretta in mano, lo sguardo di un attore distratto.

I miei genitori insegnavano in una pluriclasse nella campagna di Marotta, un edificio in mezzo ad alberi di noci e con qualche biga di paglia intorno. Prima di comprare la Seicento, percorrevano a piedi la statale fino al bivio, poi si arrampicavano lungo siepi e cespugli con gli stivaloni ai piedi. La Seicento accorciò i tempi tanto da farli uscire di casa non più con il buio sulla testa.

A volte mi portavano con loro e mi tenevano a gironzolare fra i banchi, sotto la lavagna. Gli alunni di Marotta si divertivano a recitare nei teatrini che mio padre scriveva mentre mia madre cuciva vestiti di carta crespa. L'aula era un palcoscenico perenne, perché in quel modo, diceva mio padre, gli alunni imparavano la vita. Diceva così: «Bravo questo Mario Lodi. Scrive esattamente quel che facciamo noi da anni.»

A furia di assistere alle prove, conoscevo a memoria le parole che sentivo recitare: «*Consolati, Maria, del tuo pellegrinare. Siam giunti. Ecco Betlemme ornata di trofei...*» E le ripetevo pure io sottovoce, a Marotta, seduto al banco, o a casa, quando mia madre, per cucire gli abiti, trascorreva i pomeriggi in mezzo a spillini, aghi e fili. Il mattino successivo chiamava gli alunni e li vestiva di nocche, cappelli, colletti, spalline, bottoni. Non contenta, tornava a casa, sfilava le cuciture e le rifaceva punto e daccapo, finché i lembi delle stoffe non combaciassero come voleva lei.

Per distrarla, mio padre esibiva i foglietti dei copioni battuti a macchina.

«Basta un teatro e i nostri ripetenti si sveglieranno come alberi a primavera.»

Parlava sempre ispirato quando si riferiva alla scuola. Mia madre ripigliava a cucire, ma sempre ai limiti della miscredenza: «Aspettiamo la primavera.» Due pedagogie, due vocabolari. In mezzo mi trovavo io.

La visita alla bisnonna materna durava il pomeriggio della domenica, dopo un tragitto in cui la Seicento costeggiava prati e cunette, si arrampicava sulle stradine acciottolate fino al ponte di ferro che dava il nome a un quartiere di Rionero in Vulture, fatto di muri sconnessi e scalinate. La casa poggiava sopra l'ingresso di una taverna, dove facevano sosta gli zingari interessati alle fiere autunnali. Varcata la porta di accesso, cominciava un lungo corridoio su cui affacciava la stufa di maiolica bianca e, in alto, una monumentale batteria di pentole in rame.

La bisnonna sedeva a un tavolinetto tondo che pareva uscito da un dipinto di Van Gogh, un mobile di mogano non comune, segno della piccola agiatezza economica a cui il bisnonno aveva contribuito con gli anni trascorsi a Brooklyn, da dove era tornato con i dollari nel portafogli e l'aspetto preciso di Giovanni Verga: alto, capelli e baffi bianchi, sguardo impertinente. Quando era giovane, si era disputata una corsa di cavalli, che era stata vinta da un fantino di nome Caporale. Era forestiero e la gara aveva riscosso successo tanto da essere ripetuta la domenica seguente, ma con concorrenti improvvisati. Uno di questi era bisnonno Giovanni, che fu il primo a tagliare il traguardo e si guadagnò il soprannome di Caporalone, in onore del fantino che aveva trionfato la settimana precedente.

Quel soprannome lo aveva conservato al ritorno dall'America, quando aveva preso in affitto dal demanio i castagneti del Vulture e stretto amicizia con le guardie forestali: generali, colonnelli, capitani, tutti con la divisa verde e le mostrine giallo oro. Morto lui, era finita l'epoca dei grandi banchetti e alla bisnonna non rimaneva che aspettare i pomeriggi domenicali, quando arrivavamo noi sulla Seicento. Mi scrutava impaziente. Io sapevo bene cosa cercava e mi comportavo come un giocattolo a cui avevano dato la carica. Cominciavo: «*Le casette stupefatte sono bianche come latte...*»

La bisnonna godeva di un'estasi imprevista: «Che voce tiene questa creatura!» E cacciava dalle tasche le caramelle Golia, piccole e tonde, ravvolte nelle carte come farfalle. Da allora in avanti, in me, la poesia sarebbe stata accompagnata dall'odore di liquirizia.

Per scelta pedagogica il televisore entrò tardi in casa nostra e per anni io mi sono perso l'appuntamento con *Carosello*, al contrario della mia generazione. Mia madre, di sera, si divertiva a recitare poesie, che io imparavo a memoria, oppure afferrava un libro, un catalogo, qualsiasi pubblicazione potesse farmi compagnia durante gli inverni, quando le tonsille provocavano la febbre e con la febbre arrivava una parola mai sentita prima: "reumatismi".

Quel che ricordo è un volume di dimensioni sproporzionate rispetto alle mie mani, con la copertina rossa e i fregi che parevano scarpe dalle punte rotonde come quelle dei sultani. Riconoscevo il titolo sulla copertina – *Il Milione* – che sentivo pronunciare a occhi sgranati: un nome maestoso, imponente. Marco Polo non si stancava di viaggiare alla luce delle fiaccole che accompagnavano le notti. Attraversava deserti, costeggiava muraglie, incontrava carovane, vedeva i fuochi tra la sabbia fino a svegliarsi in un Oriente aurorale di cui conosceva a malapena l'esistenza, ma che già solo a pensarlo, estremo e inafferrabile, riaffiorava dal mare della solitudine. Era mia madre a usare queste espressioni: "mare della solitudine", "Oriente aurorale". Forse nacque da qui l'idea che scrivere è come spostarsi sugli atlanti.

Le scatole di penicillina, scollate e ripiegate all'incontrario, diventavano il passatempo nell'attesa che arrivasse Natale. Mia madre stava bene attenta che combaciassero gli angoli, che i tagli delle porte e delle finestre non provocassero squilibri nella struttura, che le strisce di cartoncino ondulate dessero la fisionomia esatta a tetti e scale. Alla fine di un elaborato piano edilizio le casette erano pronte, con spioventi, ringhiere e loggiati, un po' come li aveva dipinti Giotto nella chiesa di Assisi, che lei aveva visitato durante il viaggio di nozze. Passare una mano di colore era l'ultimo dei compiti a cui si dedicava. Solo allora cominciava la fase più spericolata: sistemare montagne, fiumi e ponti, fissare al muro il cielo di carta blu, modellare la gobba delle grotte, tutte operazioni destinate al presepe.

Se dentro di me è maturata un'inclinazione per le teorie di Wright e Persico, se condivido ancora adesso l'idea che l'uomo avanza dritto mentre l'asino procede a zigzag, come scriveva Le Corbusier, è perché mia madre, nel costruire presepi, si sforzava di modificare le architetture del mondo che evidentemente non le andava a genio. Lei non lo sapeva, ma quando si mise a lucidare il lampadario con l'ovatta imbevuta nel Sidol stava modificando anche la mia vita.

«Pochi mesi ancora e Gesù manda sorellina» disse. La frase è l'ultima che conservo di una felicità in bilico. Il mio destino stava per cambiare, ma nessuno se ne accorgeva. In principio tutto era verbo: poesie, quaderni, libri, banchi, lavagne e alunni in abiti di carta crespa. Poi sopraggiunse il silenzio.

2
Metrica della pioggia

Quando i medici mi visitavano, la prima cosa che chiedevano era di cacciare la lingua fuori.

«Tossisci, tossisci.»

Io tossivo.

«Adesso deglutisci e fa' due passi. Vediamo come cammini.»

Io camminavo su e giù nell'ambulatorio e ingoiavo aria.

Ricordo un dottore di Bari, un gran professore che aveva sulla fronte una lampadina dentro una specie di coperchio per caffettiere: «Signora, questo bimbo vive troppo in mezzo ai grandi. Aria aperta, aria aperta» ripeteva, «la strada sarà la sua maestra.»

Mia madre prendeva appunti su un quaderno e si riprometteva di discuterne con mio padre. Un altro dottore, uno di Napoli, diceva che era l'umido dell'Appennino ad allappare la lingua.

«È chiaro, direi: al bimbo occorre il mare.»

Mia madre scriveva sul quaderno: «*mare, mare...*» E pure di questo si riprometteva di parlare a voce con mio padre.

«Non sarà colpa del ciuccetto?» si azzardò a chiedere.

Il medico annuiva senza parlare: via questo ciuccio!

Avevo quattro anni e non ero ancora riuscito a liberarmene. Mia madre mi ragionava così: «Se ti vedesse sorellina con questa trombetta in bocca, cosa penserebbe?» Io la guardavo, ma non rispondevo. Certe volte mi facevo forza, gettavo il ciuccetto dal balcone e cercavo la sua approvazione. Un minuto dopo però tornavo ai vetri: dov'era finito? Ne avevamo sempre uno di riserva e mio padre, quando terminava la scorta, doveva correre in farmacia a comprarne un altro.

La verità è che i consigli dei medici non avevano successo e io continuavo a non parlare. L'unico esercizio che mi interessava era scoprire i segreti che mettevano in fila le parole sulle labbra degli adulti. Contavo il tempo delle pause e pensavo: dopo quante lettere bisogna fermarsi a respirare? Ogni frase pareva un ponte sospeso sull'abisso. L'abisso era il silenzio e le parole erano appese al filo che ci penzolava sopra. Parlare era come salire su una funivia agganciata a questo filo: ci si lascia andare nel vuoto e via con le lettere, una dietro l'altra.

Io pensavo a quel che dovevo dire, prendevo fiato e partivo, poi tentennavo. Non mi sentivo pronto a compiere la traversata sull'abisso. La ruggine impediva alla funivia di correre. Mia madre si disperava, mio padre confidava nella pedagogia.

«Lasciamolo stare. Deve venire il suo tempo.»

Il tempo non veniva. Il tempo si nascondeva.

La cucina della casa vecchia aveva l'aspetto di un corridoio che finiva ai piedi di una finestra da cui entrava il ticchettio della pioggia nei giorni d'autunno.

«Ascolta il ritmo» diceva mia madre e mi invitava ad avvicinarmi. «Lo senti?»

Non ci avevo mai fatto caso, ma era come se una musica salisse dalle pozzanghere con la stessa cadenza dei tasti della macchina da scrivere usata da mio padre. I temporali, ad ascoltarli, somigliavano a una grande orchestra o a un lavoro per dattilografe.

«Conta le gocce una per una» ripeteva mia madre. E io le contavo: una, due, tre, quattro, cinque... Perdevo il filo, ricominciavo daccapo.

Tra il frigorifero Yuman, il tavolo in formica rossa e la lavatrice Candy, disposti sul lato sinistro, i fornelli a gas e il mobile bianco, sul lato destro, c'era sì e no lo spazio per passarci uno alla volta, in fila indiana. Le pareti quasi si toccavano e in confronto al frigorifero, alla lavatrice e ai fornelli a gas, il mobile bianco era una costruzione maestosa ma dalle cerniere cigolanti, le ante sbilenche e altre piccole imperfezioni che recavano i segni malinconici di un mondo eroico e artigiano, sconfitto dal moderno.

Quel mobile era il più imponente prodotto uscito dalla falegnameria di zio Dante, il terzo dei fratelli di mio padre, un tipo ingegnoso e taciturno, e mia madre si impegnava a considerarlo un pezzo non secondario dell'arredamento. Ci conservava barattoli di barbabietole sott'olio, trecce di aglio, mazzi di origano e camomilla, scope di saggina, spaghi, tenaglie, martelli, bulloni e sotto, su uno dei ripiani più dimenticati, una vecchia scatola di latta con spolette, aghi, fili, spilli, bottoni e cerniere. Non era tanto la funzione di matrioska che dava al mobile un primato, piuttosto l'aspetto di un gigante che non ha paura di svelare gli inconvenienti del tempo.

Io mi sentivo uguale al mobile dalle cerniere cigolanti, come se il mio silenzio fosse una macchia che nessun battesimo poteva cancellare e non ci fosse altra soluzione che vivere appartato, in attesa che ogni cosa tornasse com'era prima.

La nonna paterna si presentava al mio divano-letto con una bottiglia d'olio che si era procurata da giovane, nei viaggi speranzosi verso i santuari. Aveva il potere di curare le ferite, diceva, rimuovere gli ostacoli nel cammino del sangue, interrompere le coliche. Nonostante il rito mattutino, la bottiglia pareva non svuotarsi mai e io seguivo i suoi consigli con un misto di viltà e fiducia, lasciavo che lei togliesse il tappo e me l'avvicinasse alle labbra. L'olio non aveva sapore, ma era denso e spargeva un profumo di religione appiccicosa.

Nonna aspettava che io ingoiassi e se ne andava con un sorriso di certezze in faccia. Tornava da me dopo qualche ora.

«È andata via la ruggine?»

Io facevo segno di no e su di lei scendeva un'ombra.

Qualunque sostanza fosse entrata nella mia bocca – fosse stata la ruggine, come diceva nonna, o l'umido appenninico, secondo le teorie del medico napoletano –, mi costringeva al chiuso di una vita che non era quella promessa.

Un pomeriggio mio padre mette in moto la Seicento e aspetta mia madre, che a sua volta aspetta me mentre finisco di lavarmi i denti. Non so perché hanno fretta, ma devo far presto.

«Sentiamo che ne pensa il dentista» dice mia madre quando stiamo per salire in auto e sono le ultime parole prima di immergerci sulla statale che sale verso Potenza, una strada tortuosa sotto una galleria di acacie.

Il dentista era un uomo alto e bianco nei capelli, bianco nel camice, bianco nei denti e mio padre, per tranquillizzarmi, mi parlava non di lui ma di suo fratello che era poeta e molti anni prima aveva lavorato a una trasmissione radiofonica intitolata *Il teatro dell'usignolo.*

«Il dottore maneggia i ferri come il fratello usa la penna» diceva.

Il dentista sorrideva mentre io mi stendevo sul lettino e la sua smorfia, quando si chinava, pareva uguale a quella di un uccello dalle ali sbiadite, come immaginavo l'usignolo della trasmissione.

«Qui non si vede nulla.»
«È proprio sicuro, dottore?» chiedeva mia madre.
«Negativo, signora, qui non ci sono imperfezioni.»
«Nemmeno un po' di ruggine?»
«Ruggine?» si meravigliava lui e riprendeva a infilarmi i ferri in bocca. «Negativo, negativo... Nessuna ruggine.»

Ce ne tornammo a casa con la convinzione che mia madre e il dentista non si fossero capiti, che entrambi cercassero qualcos'altro rispetto a quel che si erano detti.

Zio Gildo era stato il primo della famiglia a laurearsi, perfino prima di mio padre, che pure lo precedeva di dieci anni e si comportava con lui come un allenatore che prepara alla gara e poi si tiene in disparte. La discussione della tesi era fissata a Napoli e noi avremmo raggiunto zio Gildo dopo aver fatto tappa a casa di zio Lorenzo di Nocera, un cugino di mio padre, uno dei rami parentali con cui riallacciavamo rapporti nelle feste comandate. Il nome di questo zio era sempre incollato a quello di Nocera e io non avevo mai visto la città da cui giungeva ogni tanto il suo sorriso bonario, ma penso sia rimasta in me l'impressione di un viaggio tra enormi casermoni in cemento armato, un giorno piovoso e primaverile, mentre indossavo per la prima volta un gilè.

Sarà stata la novità di quell'indumento a farmi sentire nel circuito degli adulti, di nonno, di mio padre, dei fratelli di mio padre, un conclave di uomini che al termine dei pranzi domenicali si appartavano a ragionare di politica e a fumare sigarette. In quei momenti non era ammesso parlare con spregiudicata libertà: bisognava aspettare il turno e il turno dipendeva dall'età, dall'autorevolezza, sicché vestire il gilè immetteva nei sentieri dei sofismi pomeridiani, dava la patente di politici e filosofi.

Quando varcammo il portone dell'università – un palazzo che già di suo indicava qualcosa di immenso, come se là dentro fossero contenuti i vocabolari di tutto il mondo – mi sembrò di oltrepassare una delle soglie inconsapevoli di cui si compone la vita. Ricordo l'attesa tra i banchi che giravano a mezzaluna, ricordo il fumo nervoso delle sigarette che zio Gildo accendeva e spegneva una di seguito all'altra, le frasi smozzicate e poi l'ingresso dei professori, alti e con le toghe nere. Mio padre ebbe l'accortezza di suggerirmi: «Questo è il tempio delle parole.»

Io fissavo la cattedra al centro dell'enorme aula, giù in basso, e i professori severi come medici a consulto. Sembravano analizzare ogni espressione di zio Gildo, perfino come muoveva le sopracciglia e le gambe, con quel suo fare nervoso e militaresco che gli dava l'aspetto di una vedetta pronta a vegliare nelle notti. Qualcosa di memorabile stava accadendo e nessuno respirava. Tutti stavamo zitti e in quel silenzio sentivo la pioggia che batteva sopra i vetri. Guardavo mia madre, che pareva suggerirmi in quella lingua muta e comprensibile solo a noi due: ascolta anche qui l'acqua, la pioggia sarà la tua salvezza.

Il cielo delle Palme, l'anno in cui mi tolsero le tonsille, era troppo capriccioso per essere primaverile. La pioggia suggeriva a mio padre un proverbio: *Palma piovosa, gregna gravosa*. Che significava: se piove il giorno delle Palme, la spiga del grano sarà nutrita e pesante. La pioggia metteva la pancia ai chicchi, gonfiava di abbondanza il raccolto e mia madre era così impaziente da sorvolare la ricorrenza di Pasqua per proiettarsi verso il giorno dell'Ascensione, quando Gesù se ne sarebbe andato per sempre lasciando tristi i suoi amici. Se il grano avesse rispettato la tradizione del proverbio, se la Palma fosse stata piovosa e avesse riempito le spighe con la pienezza dell'acqua, il male delle parole sarebbe stato sconfitto: di questo lei era convinta e aspettava che arrivasse l'Ascensione e il germe discendesse nel grano.

«Vedrai che regalo ti fa la Palma piovosa» diceva.

Le cose purtroppo non andarono secondo i piani e il contrattempo obbligò i miei genitori a rivedere la strategia per guarirmi, a cercare la soluzione in una formula che mio padre recitava la mattina in cucina, mentre riscaldava il latte e preparava le caffettiere: «*Nihil est in intellectu.*»

Cosa volesse indicare non potevo saperlo, ma certo in quell'affermazione filosofica doveva esserci il segreto della colazione, qualcosa che sarebbe entrato dentro di me attraverso il *nihil* misterioso e solenne, simile a una nuova vita oltre il silenzio. Io non so se fu davvero grazie al *nihil* comparso improvvisamente sulla bocca di mio padre, ma una mattina, appena dopo l'Ascensione, trovai mia madre seduta sul divano-letto ad attendere il mio risveglio.

«Stanotte c'è stata tormenta.» Prese tempo prima di aggiungere: «È piovuto, ha tirato vento, si sono mosse le tegole, hanno ballato i vetri e tu hai parlato nel sonno», e aspettò che io fossi ancora più presente. «Proprio così: spedito come un treno.»

Ero troppo confuso in quel momento e continuavo a tenere la bocca chiusa. Mia madre volle togliermi dall'imbarazzo e allungò una mano per accarezzarmi i capelli: «Adesso hai bisogno di forza.»

Uscì di casa, tornò con un pacchetto avvolto in un giornale e si chiuse in cucina con mio padre a preparare la colazione. Il *nihil* cominciava a farsi strada dentro di me. Non era Tommaso d'Aquino e nemmeno Leibniz. Era l'uovo sbattuto.

Ricominciai piano piano a capire che ero in grado di parlare, frasi corte che pronunciavo tutte d'un fiato, senza il pericolo di dovermi interrompere. Il difficile era partire. Prendevo la rincorsa, chiudevo gli occhi e mi lanciavo con la sensazione di essere legato alla funivia sospesa sull'abisso. *E se mi finisce il fiato? Se la ruggine rallenta gli ingranaggi?*

Non era tanto il silenzio a farmi paura, ma che continuassi a ricordarmene. Mia madre cercava di venirmi incontro quando intuiva la mia difficoltà.

«Stavi dicendo questo, vero?»

Mi rubava il tempo e con la faccia accigliata.

«Pensa bene a quel che stai per pronunciare, concentrati.»

Era il peggiore errore che potesse commettere: il mio compito era dimenticare, non ricordare. Lei non lo sapeva. Lei, nella sua disperazione, tendeva a ridimensionare le mie debolezze, a coprire le insidie.

«Sarà per noi come un sogno» era solita dire, «anzi fra poco nemmeno più un sogno.» E i suoi discorsi finivano lì.

Trascorsi molti giorni nell'incertezza di essere guarito. A fatica riuscivo a farmi capire, raccontavo per sommatorie, a strappi, a frenate.

«Ora che hai ripreso a parlare» mi rassicurava mia madre, «vedrai come sorellina ti sembrerà ancora più bella.»

Era bella mia sorella, non lo mettevo in dubbio. Aveva una testa pelata e un unico ciuffo di riccioli sottili e biondi proprio sulla fronte, parevano crescere a bella posta per tenere la nocca bianca che negli anni a venire, tutte le mattine, mia madre si sarebbe ostinata ad annodare. Quando mi accostavo alla culla, mia madre si rasserenava. Io no. C'era un'ombra fra me e lei. Qualcosa si annidava dentro, un sentimento senza nome, com'era senza nome l'aria dei mattini di giugno che portavano il respiro dei lillà cresciuti lungo i muri. Un giorno quell'odore nauseante arrivò così forte da provocare una domanda: «Sei tu la mia vera mamma?» Gliel'avrei voluto chiedere nell'attimo in cui rimasi senza parole. Lo facevo ora, con ritardo.

Mia madre sapeva bene a cosa mi riferissi. Aprì il cassetto del comò dove conservava le fotografie, ne afferrò una e me la mise sotto gli occhi: «Io che ti allatto la prima volta.» Era identica all'immagine di mia sorella poco dopo essere nata: stessa posa, stesso letto, stesse lenzuola. Al suo posto però c'ero io.

La foto non cancellò la paura di non essere guarito. Avere genitori che non ti avevano messo al mondo equivaleva a camminare dentro una vita non tua, ai margini di una vera vita. Ed è possibile che io abbia ereditato da mia madre questo esistere senza appartenere, il sentimento che odora di lillà nei mattini di giugno, perché anche mia madre non aveva avuto una casa tutta sua dove trascorrere l'infanzia ed era vissuta dai nonni, vicino al ponte di ferro, dove la domenica andavo a recitare poesie in cambio di liquirizia.

Tornammo dal dottore di Bari: «Signora, glielo avevo preannunciato: il bimbo deve stare più tempo all'aria aperta!» Tornammo dal medico di Napoli: «Finalmente vi siete decisi a lasciare l'Appennino!» Non avevamo lasciato l'Appennino, però i miei genitori glielo fecero credere. Il dentista di Potenza nemmeno mi fece stendere sul lettino. Si limitò a gettare un'occhiata distratta ai miei denti e si lasciò andare: «Liscio come l'olio.» Evidentemente si ricordava bene il particolare della ruggine che aveva sentito da mia madre.

Dire «liscio come l'olio» forse era troppo, ma nell'attimo in cui attaccavo a parlare, se dimenticavo di avere avuto un silenzio contro cui avevo combattuto, non mi fermava nessuno. Le parole uscivano libere dalla bocca, come acqua sorgiva, felici di nascere nella loro limpida musicalità. E mia madre era raggiante.

«Io non me lo spiego» le sentii dire una volta a mio padre. «Come mai ora è passato tutto?»

Mio padre abbozzava un ragionamento, ma poi si arrendeva: «La testa di nostro figlio è un mistero. La vita è un mistero.»

Non poteva e non sapeva andare oltre. E mia madre rimaneva perplessa. Una sera, dopo cena, anziché leggermi un libro, afferrò carta e penna, si accomodò al tavolo e mi chiese di fare il pugno con la mano destra.

«Stringi forte» disse e mi infilò la Bic tra l'indice e il pollice. «È come una prosecuzione della mano. Immagina di avere un dito in più.»

Io sentivo infilarsi tra le grinze della pelle un pezzo di plastica trasparente come un termometro e con la linea blu dell'inchiostro. Davanti a me, sul tavolo, stava aperto un abbecedario con le lettere che avrei dovuto riportare sul foglio.

«Guarda come sono fatte» diceva mia madre.

Ricominciava il gioco prima dei tre anni, quando lei si divertiva a inventare storie: il suono *e* nascondeva una signorina impertinente, la *a* era una vecchietta che usciva di casa con il bastone, la *o* aveva il naso all'insù, come una donna francese.

«Hai visto com'è altezzosa questa *o* parigina?» faceva lei. «E questa *e*?» indicava. «Questa *e* strizza l'occhiolino ai fidanzati.»

La Bic era un'intrusa tra le mie dita, ma in quel tenersi di ogni lettera mano nella mano, una attaccata all'altra come una musica senza intoppi, c'era il segreto con cui vincere la paura di ricadere nel silenzio.

«Non sono tante» concluse mia madre, «soltanto ventuno, però se le metti insieme fanno nascere milioni di parole.»

3

Gli anni con gli occhiali

Per trovare questi milioni di parole, dovevo varcare la soglia del bugigattolo che mio padre si ostinava a chiamare "studio": una stanzetta di tre o quattro metri quadrati, soffocata dai libri sistemati a terra o su ripiani così carichi da far somigliare le pareti a cupole di chiese. La sera mi addormentavo con la luce dietro il vetro smerigliato della porta che segnava il confine tra me e lui. Mio padre lavorava di notte. Trascorreva il tempo a una scrivania che si era costruito con le sue mani nella bottega del fratello falegname: un ripiano e quattro piedi, più una cassettiera incapace di funzionare. Su quel tavolino c'era spazio sì e no per l'abat-jour, che dava un'aria da cospiratore, ma era il segno che non ero solo al mondo, che qualcuno vegliava su di me mentre dormivo sul divano e di questo qualcuno, non appena mi infilavo sotto le coperte, avvertivo i pensieri dallo scricchiolio sui fogli di carta: *tict... tict... tict...*

Per non disturbarmi, mio padre scriveva a mano, non a macchina e le sue idee avevano il suono di un tarlo che si ficca nel legno, stavano in compagnia della luce prima di uscire allo scoperto, nel brulichio delle notti. Ogni tanto, in sua assenza, mi avvicinavo ai fogli come un ladro che volesse rubare il domani all'uomo che lo aveva messo al mondo: «*Le comunità montane dovrebbero costituirsi e organizzarsi intorno alle valli ed essere le valli a unificare le cime dei monti.*» Questo scriveva mio padre. All'epoca non ci pensavo, adesso sì: le utopie nascono sui monti perché è lì che il tramonto muore tardi.

Mi guardavo intorno. Osservavo le copertine dei libri, i titoli, le date, i colori. Immaginavo le montagne che avrei visto, se mi fossi affacciato alla finestra di fronte al tavolino, e mi pareva di non essere in una stanza di scritture notturne, ma di luce, la stanza delle idee, quella dove con ponteggi, con impalcature, l'uomo che mi aveva messo al mondo costruiva la Storia.

Mio padre aveva abbandonato la politica prima che io nascessi e nelle ore pomeridiane si dedicava a un inesauribile saliscendi tra montagne e colline, borghi e frazioni, sotto l'insegna di un circolo culturale che aveva preso il nome da un'antica torre angioina rimasta per chissà quale miracolo in piedi nella zona alta del mio paese. Il Circolo La Torre parlava con la voce di mio padre, si muoveva con la Seicento bianca di mio padre. Qualche volta veniva il dubbio che fosse mio padre a incarnare il Circolo La Torre. Fino al terremoto del 1980 la si poteva anche visitare, questa torre, dopo non più, e io penso che se l'attività culturale si è interrotta è perché mio padre ha avvertito che qualcosa stava accadendo nelle viscere della terra.

Il Circolo La Torre invitava intellettuali da Roma, Milano, Napoli, Bari e la popolazione era curiosa di ascoltare quegli uomini dallo sguardo severo e pensieroso, nascosto dietro il vetro degli occhiali. Mio padre convocava collaboratori di fiducia e li incaricava di assistere gli ospiti nelle necessità quotidiane – un bicchiere d'acqua, un gelato, un analgesico per il mal di testa –, una specie di ombra che non li facesse sentire trascurati. Rimase negli annali quella volta in cui arrivò dalle Puglie Tommaso Fiore e mastro Silvio, che un tempo era stato il più valente falegname del paese, si mise a disposizione di questo scrittore con i fiocchi, che si diceva avesse inviato lettere a Piero Gobetti in persona, al tempo della *Rivoluzione liberale*, lettere che poi erano finite in un libro pubblicato da Einaudi: *Il cafone all'inferno*.

«Mi raccomando» erano state le parole di mio padre, «non gli far mancare niente.» E mastro Silvio gli indicava i servizi igienici, lo accompagnava al bar in piazza, ordinava acqua e menta, perché il grande don Tommaso – così lo chiamavano tutti – doveva conservare un ricordo luminoso del Circolo La Torre. Difatti poi, quando fu il momento di parlare, lasciò tutti strabiliati con un discorso che sarebbe passato di bocca in bocca diventando fondamentale nel dibattito sul meridionalismo di quegli anni: disse che in Puglia gli uomini lavoravano come formiconi, in Lucania invece cantavano come cicale senza pensare agli inverni. Quando ebbe termine la conferenza, mastro Silvio si avvicinò per complimentarsi: «Si vede che avete bevuto acqua e menta di buona fattura.» E Tommaso Fiore gli regalò una copia del libro con dedica.

Gli intellettuali venivano a bussare alla porta di casa il mattino presto e trovavano me e mia sorella assonnati, io sul divano-letto, lei nella culla. Li sentivo parlare a voce bassa e a voce bassa parlavamo anche noi, per rispetto degli ospiti che ficcavano gli occhi ovunque ci fossero pagine da leggere, aggiustandosi la montatura degli occhiali, come per mettere a fuoco binocoli immaginari.

Se si fermavano a pranzo da noi, il compito di mia madre era cucinare e apparecchiare – per quanto casa nostra non fosse accogliente come lei avrebbe voluto –, dare retta alle mogli degli intellettuali, adoperarsi in tutti i modi, un po' ai fornelli e un po' sui fogli di carta. I discorsi cominciavano intorno a un piatto di zitoni al sugo e si protraevano quando la tovaglia era stata tolta. Erano complicati quel tanto che bastava per aguzzare le pupille dietro le lenti e richiedere l'attenzione di tutti, anche la mia e di mia sorella, che a quell'epoca vagava nel girello. Era era più bassa del tavolo sicché, quando camminava per casa, io vedevo la nocca muoversi al di sopra del piano, come se appartenesse a una gentilezza sospesa nell'aria. Quando lo facevo notare a mia madre, lei accoglieva con sorrisi e comunicava a mio padre con occhi rassicuranti, nonostante la presenza di estranei: finalmente nostro figlio gioca con la sorella.

Mio padre si divideva come meglio poteva tra noi e gli ospiti. In aria volavano parole degne di una chiesa: che la Lucania fosse una regione arretrata si sapeva, che la Lucania fosse una regione di emigranti pure questo si sapeva, che la Lucania si prestasse ai ricordi e agli addii questo forse no. Calava un silenzio cerimonioso. Qualcuno si toglieva gli occhiali per seguire il volo delle mosche, poi tornava ad abbassare lo sguardo. Qualcun altro alitava sulle lenti e le puliva con il tovagliolo. Cominciavano le dispute: i poeti si lasciavano sfuggire sussurri, i pittori tiravano fuori le matite e tracciavano curve sulla carta. Iniziava il rito delle sigarette e il fumo annebbiava il balcone. Mia madre cercava di evitare che i vestiti dei suoi figli si impregnassero di cattivo odore e ci invitava a giocare nel piccolo corridoio.

«Ma il bimbo non parla?» chiedeva ogni tanto qualcuno girandosi verso di me. Non era il male del silenzio a impedirmi di parlare, ma la paura di aprire bocca di fronte a loro. Preferivo ascoltare e vedere il posacenere riempirsi di cicche. Credo sia cominciato allora il tempo in cui le idee avevano la consistenza della cenere, proprio come le poesie sapevano di liquirizia. Sigarette e occhiali. Una montatura tonda indicava una persona accomodante. Una quadrata e scura dava precisione allo sguardo. Io avrei scelto quest'ultima.

Mastro Silvio si trovò subito a suo agio al cospetto di Vito Riviello, quando mio padre glielo presentò, mentre era seduto sul divano, con l'odore del treno nei vestiti e il sigaro in bocca. E io credo che già in quel loro intendersi senza troppe cerimonie ci fosse l'inizio di una poesia che Riviello scrisse per lui in uno dei tanti convegni: «*Di mastro Silvio chiedete, il postino di Atella, non sopportò durezze come poliziotto e un giorno si mise a consegnare le lettere di tutti...*» Mastro Silvio, oltre che falegname, era appartenuto alla milizia fascista e poi si era impiegato alle poste. Posato, riflessivo, portava occhiali sulla punta del naso, come gli artigiani quando pensano. Riviello nella poesia ebbe modo di sottolinearlo: «*Gli occhiali sono miopia, ma anche astrologia...*»

A quel tempo Riviello aveva aperto una libreria nella via centrale di Potenza e quando capitavamo da lui, con mio padre alla ricerca di nuove idee, ritornava sempre l'argomento che ci tratteneva un paio d'ore: «Pasolini ha visto giusto?» Pasolini aveva scelto di girare *Il Vangelo secondo Matteo* in Lucania perché ci considerava simili agli ebrei: una civiltà cacciata dalla terra dei padri, ma senza una bibbia che la raccontasse.

Le discussioni non si spegnevano tanto facilmente. Riviello parlava a frasi smozzicate, borbottava, sbuffava con la voce del sovrappeso. Quando ce ne andavamo, ci salutava con la promessa di riprendere la prossima volta. Difatti, quando arrivava da Potenza, mio padre ricominciava: «Siamo un popolo con un passo moderno eppure ci manca ancora qualcosa.»

Riviello scrollava le spalle, beveva un sorso di whisky e lo raggiungeva tra i libri del bugigattolo. Io rimanevo con mia madre al di qua della soglia, curioso di seguirli in quel loro ragionare per strade di sogni e utopie. Mi accontentavo di sentire qualche frase, non appena i colombi sopra i cornicioni smettevano di tubare, e mi esercitavo a ripeterle: «*Potenza e la vita, la scala ci affatica. Ci riposiamo sulla piazza.*» Erano frammenti di poesie che Riviello leggeva ad alta voce. Seguiva qualche commento, poi il dialogo si spegneva con una domanda: «Sinisgalli le ha viste davvero le muse?»

Sinisgalli era un nome che circolava dentro casa nostra e si dice fosse venuto ad Atella, un giorno che appartiene alla mia preistoria e che io posso riferire di seconda mano. Mastro Silvio aspettava l'incarico di scortare l'ospite, come nella circostanza di Tommaso Fiore, ma andò diversamente. Sinisgalli parlò senza bisogno di interrompersi e di lui rimase il mito di un ingegnere che vide uccelli gracchiare sopra le querce delle sue vigne ed ebbe il coraggio di chiamarli muse. Mario Trufelli, un giornalista a caccia di poesia, ne approfittò subito per allungare il microfono del registratore: «Parlano moderno questi uccelli? O sono divinità arcaiche?»

Nessuno conosceva la risposta adeguata, nemmeno mio padre. Riviello accendeva un toscano e chiedeva un passaggio in auto per la stazione ferroviaria. Se ne andava con il fumo dei sigari arricciato intorno al naso. Dal finestrino abbozzava il saluto di una poesia d'amore: «*Tra le mura non so se tu ritornerai, niente lo dice mai una mano, un giorno, i verdi anni d'un bimbo.*» Il treno si allontanava tra gli orti del capostazione e lanciava un fischio che per me equivaleva a uno schiaffo di aria gelida in mezzo a un vento di scirocco.

Giuseppe Antonello Leone era un pittore alto alto, con baffi da giocatore di morra e capelli arruffati dal troppo amore per la moglie, anche lei pittrice, che aveva una voce da cornacchia ammaliata e un paio di lenti così spesse da rimpicciolire le pupille.

«Antonello, dov'è lo scialle?» chiedeva Maria Padula, la moglie. «Non lo vedo. Me lo prendi tu?»

E suo marito glielo poggiava sulle spalle.

«Antonello, non mi ricordo: hai spento il motore?»

E suo marito usciva a controllare l'auto.

Viaggiavano su un Maggiolino verde pisello che liberava un ringhio molesto ma regolare, uno sbuffo di stanchezza. Non occorreva il clacson per annunciare il loro arrivo. Venivano da Napoli ed erano diretti a Potenza, deviavano per casa nostra per assaporare due chiacchiere con mio padre e sorseggiare un caffè o una tazza di latte e whisky.

Erano gli anni in cui Maria Padula aveva accantonato i pennelli per dedicarsi ai racconti che si sarebbero intitolati *Il paese è paese d'inverno*, dove si parlava di Giulia la Santarcangelese, la donna che andava a fare le pulizie in casa di Carlo Levi, nei mesi del suo confino ad Aliano, e forse era stata una delle sue amanti, tanto da entrare in un suo dipinto vestita a festa e con un fazzoletto bianco a coprirle i capelli. Francesco Rosi, il regista del film tratto da *Cristo si è fermato a Eboli*, avrebbe affidato la parte a Irene Papas, che aveva occhi e capelli da spiritata, come la donna del dipinto.

Prima di essere stampato, *Il paese è paese d'inverno* era la voce di Maria Padula che leggeva trafelata nelle mattine a casa nostra, leggeva e si schiariva la gola, leggeva e beveva latte e whisky. Ogni tanto si interrompeva, seguiva il filo di pensieri invisibili.

«Non ti perdere in quisquilie» interveniva Antonello. «Regalaci un altro po' della tua narrativa.» Io ero incantato dall'accento irpino di Antonello, dalla voce che ogni tanto pronunciava parole solenni e poi finiva per spegnersi.

Nessuno riusciva a immaginare quei due separati. Lo diceva anche mio padre: «Non potranno stare lontani nemmeno nell'eternità.» E un po' era vero, perché Maria dipingeva paesaggi con colori pastello, Antonello invece ferri arrugginiti, scatole di cartone, bottiglie di plastica. «Nelle terre del nostro Sud» diceva in quelle mattine, «la modernità è finita prima ancora di cominciare.» Dopodiché si appoggiava allo schienale della sedia e chiudeva gli occhi, tanto gli piaceva il tono smusicato di sua moglie. Io mi svegliavo proprio allora e me lo trovavo davanti in quella posa da nottambulo.

Se era urgente preparare un manifesto, mio padre correva alla tipografia dei fratelli Ottaviano. Adolfo e Valentino erano di origine abruzzese, capitati alla scuola-convitto di Rionero in Vulture, dove un sacerdote aveva raccolto orfani o figli abbandonati dopo la guerra. Lavoravano in un sottoscala con una pedalina con cui stampavano inviti per matrimoni, manifesti da lutto, biglietti da visita, ed erano sempre in azione, con i camici neri e i tappi nelle orecchie. Ad attrarmi non era tanto il mistero dei rulli che giravano, quanto il destino della carta che finiva tra due vassoi di metallo, veloci ad avvicinarsi e a staccarsi in una sequenza cadenzata, in cui bisognava infilare svelti svelti le mani per togliere i fogli.

Mio padre e i fratelli Ottaviano si chinavano con pazienza a studiare la distanza tra le lettere, perché era lì che si nascondeva il segreto di una pagina ben fatta, nei centimetri di bianco che si aprivano al confine del colore nero, nel mistero che nasceva dalla composizione dei caratteri in piombo. Tracciavano frecce e linee a matita, poi tornavano a inchiostrare, ad aspettare la prova di stampa. Il tempo passava, ma era un tempo in cui la pedalina si svuotava di parole, pulite e senza ruggine, e io mi addormentavo sui rotoli di carta bianca e innocente come le spose in attesa della prima notte. Tutto ciò che veniva impresso sui fogli mi dava la sensazione di correre dentro una grande libertà: non quella della penna sui quaderni, ma quella delle storie non ancora raccontate. Un domani, mi dicevo lottando contro gli occhi che si volevano chiudere, un domani avrei fatto il tipografo con mille pedaline ai comandi.

Imparai che esisteva il mestiere dell'editore quando veniva a farci visita il rappresentante della Garzanti: un friulano slanciato e dall'accento sibilante, che aveva giocato nella squadra del Potenza Calcio e in quella città aveva trovato anche la moglie, oltre alla gloria sportiva. Compariva in casa nostra alle ore più inusuali, dopo pranzo o dopo cena, lasciando perplessa mia madre che non sapeva come contenere la sua altezza e in quale punto del soggiorno farlo accomodare senza dargli la sensazione di essere fuori posto.

Quest'uomo parlava di arbitri, palloni, bandierine, guardalinee, non concedeva spazio a nessuno e alla fine, dopo un furioso vagabondare tra campionati interregionali, restava in noi il segno di una scorribanda che ci aveva ubriacato e da cui non tanto facilmente saremmo usciti salvi senza comprare un'enciclopedia. Anche lui ogni tanto si interrompeva: «Signora, come mai non apre bocca questo bimbo?»

Era difficile aprire bocca quando parlava lui.

Di tutt'altro temperamento era il commesso della Einaudi, che si presentava alla porta la domenica mattina per riscuotere la rata. Non si preoccupava di disturbare, non si chiedeva se a casa ci fosse l'abitudine di restare a letto un po' più del solito: saliva i gradini delle scale e suonava il campanello. Una volta entrato si accomodava al tavolo, tirava fuori un raccoglitore panciuto e disordinato, e aspettava che mio padre si assentasse per prendere il denaro dalla scrivania del bugigattolo. Al suo ritorno aveva già compilato la velina verde che allungava in cambio delle banconote. La sigaretta gli pendeva a lato della bocca, qualche volta gli cadeva un po' di cenere a terra e ciò che riusciva a comunicare in quegli istanti era un grugnito di sorpresa, a cui faceva seguire un colpo di tosse, *granch... granch...*, come il motore di un'automobile senz'olio.

Io non conoscevo il nome di quest'uomo, forse nemmeno mio padre, ma quando si riferiva a lui, nei ragionamenti che intrecciava con mia madre, lo indicava così: «È venuto Antoniogramsci, è andato via Antoniogramsci.» A noi sembrava davvero la reincarnazione di Antonio Gramsci: capelli crespi e neri, occhialetti tondi dorati, barbetta incolta, un'aria da filosofo introverso e, se era in vena di confessioni, concedeva un colpo di tosse accompagnato dal suo *granch*. Uno così non poteva non lavorare per l'Einaudi: questo diceva mio padre, perché i libri pubblicati in via Biancamano, a Torino, avevano qualcosa in comune con il Partito comunista. Quelle parole, pronunciate dopo che il rappresentante era filato via, piantavano dentro di me la convinzione che all'Einaudi non li assumessero se non somigliavano a Gramsci. Da grande andrò a Torino, mi dicevo, cercherò di entrare in questa Einaudi che parla con accento sardo.

Non li vedevo, i grandi volumi che il rappresentante ci portava. Mio padre li teneva chiusi negli scatoloni in attesa di poterli sistemare negli scaffali quando avessimo lasciato la casa vecchia, sicché il bugigattolo era un bosco impraticabile di libri alla vigilia di essere letti. Qualche volta mi azzardavo ad aprire uno di questi scatoloni e il destino voleva che mi si presentassero le copertine verdi della *Storia d'Italia*, una collezione monumentale che aveva lo stesso colore delle veline compilate la domenica mattina: vedi, mi ripetevo, in quale altro luogo, se non nella stanza della Storia, possono abitare questi esemplari?

Molti anni dopo avrei saputo che il colore dell'Einaudi era il bianco, non il verde, ma ci avrei sempre creduto poco e avrei perfino azzardato una teoria: il verde dell'Appennino diventa bianco in pianura perché la pianura stinge e scolora.

In un'infanzia alternativa alla mia il nome Monticchio avrebbe evocato la gita pomeridiana della domenica o il punto di arrivo di una scampagnata in agosto. Per me invece significava settembre, felci bagnate di pioggia, alberi prossimi a ingiallire, umido, funghi. Monticchio era l'unica località turistica nella nostra zona e mio padre la sceglieva per organizzare i corsi di aggiornamento per insegnanti di scuola elementare. Si metteva d'accordo con alberghi e ristoranti, accoglieva i relatori e portava tutti noi, la sua famiglia.

Il tempo era piovoso e mia madre, per tenere buoni me e mia sorella, comprava le patatine San Carlo, cosa che non avrebbe mai fatto se non in quei giorni, perché erano cibo artificiale, diceva, cibo confezionato nelle industrie. Tutto era permesso in quella settimana: una specie di parentesi a metà tra la fine di agosto e l'inizio della scuola. Le patatine si vendevano nelle baracche, insieme con le carrube, le castagne del prete, i semi di zucca, i pistacchi e le arachidi. Mia madre era prodiga negli acquisti e in cambio otteneva che stessimo zitti, così da partecipare anche lei ai corsi.

Un anno venne da Milano Ettore Gelpi e mio padre si riprometteva di chiedergli un consulto su quel che mi era accaduto.

«Il pedagogista Gelpi, il grande Gelpi» ripeteva. «Lui sì che potrà dire cos'è capitato nella testa di nostro figlio.»

In effetti era un uomo grosso e con due televisori davanti agli occhi, che davano conferma: a Milano, la gente che pensa porta occhiali rettangolari.

Nella sala dove si tenevano i corsi, Gelpi parlava con qualche piccolo gesto delle mani, lo sguardo tagliente e obliquo. Era milanese in tutto, riflettevo io quando mia madre ci obbligava a stare lì, e mio padre era contento perché uno come Gelpi, diceva la sera quando si svestiva per mettersi a dormire, non lo si incontrava due volte nella vita.

Prima dei corsi teneva sulla scrivania del bugigattolo *Scuola senza cattedra*, un libro con la copertina che mi incuriosiva. C'era la foto di un'aula in bianco e nero, dove gli alunni non stavano seduti ai banchi ma in piedi, intorno alla cattedra, e parevano soffocare il maestro. Io scorgevo di sbieco questo libro, non mi azzardavo ad aprirlo, però restavo a fissare il titolo: *Scuola senza cattedra*. Che voleva dire?

Non ricordo una sola parola di quelle che Gelpi pronunciò a Monticchio, però ricordo la sua camminata di spalle, quando si avvicinò con un balzo al punto della sala dove teneva la conferenza. E fu un muoversi felino, svelto come il pensiero. Milano cominciava a chiamarmi.

4
Acqua di Lombardia

Se dovessi fissare il momento in cui il nome di Milano è entrato nella mia vita, direi che risale alle estati, quando davanti al negozio del nonno paterno si formava un cerchio di sedie e lui sedeva, spalle al muro e faccia alla strada, a osservare chi passava. Ogni tanto sentiva i freni di un'auto e si alzava in piedi.

«Ecco uno *sparavalistro*» diceva e tornava a sedersi.

"Sparavalistro" indicava uno che azzarda conoscenze di pistoni, bielle, ruote, pulegge e in un modo o nell'altro condivide il cuore con fabbriche e catene di montaggio. L'unico che potesse aspirare a questo titolo era zio Tonino, il secondo dei fratelli di mio padre, che aveva svolto il servizio militare a Carbonia, in Sardegna, dove era diventato caporale maggiore, il grado massimo che uno di famiglia avesse raggiunto nei ranghi dell'esercito. Nel periodo di leva aveva imparato a guidare i camion e superato l'esame per ottenere la patente C, che poi esibiva durante le estati ruggenti, quando scendeva in auto da Milano. Aveva davvero le carte in regola per essere lui lo "sparavalistro" di casa, perciò nonno, quando si alzava a controllare sulla soglia del negozio, era persuaso che all'orizzonte apparisse l'auto del figlio, il solo ad avere un temperamento adatto alle grandi traversate notturne, che avrebbero fatto tremare di paura le donne. Di questa passione restava solo un termine: “madocina”, un condensato di bestemmia mancata.

«*Madocina* com’è duro questo bullone» imprecava zio Tonino quando sostituiva uno degli pneumatici. «*Madocina* che record!»

“Record” era la punta estrema delle sue esclamazioni e tutti lo guardavano con ammirazione quando pronunciava quella parola, manco fosse il re della civiltà meccanica. Zio Tonino era stato il primo a raggiungere Milano all’Epifania del 1959, il primo a entrare da operaio nell’organizzazione industriale. Dopodiché era salito zio Salvatore, il quarto dei fratelli di mio padre, poi ancora il terzo, zio Dante, il falegname, per ultimo zio Battista, il sesto fratello. Una catena di saluti senza rimedio. Tutti a Milano, come una specie di terra promessa.

Parte delle mie estati le trascorrevo aspettando il tempo in cui i parenti scendevano dall’Alta Italia e la casa si riempiva di quelle voci lombarde, ma di una Lombardia abitata da meridionali, com’erano gli zii, appunto, le loro mogli e i loro figli. Smontavano le valigie, aprivano i pacchi e cominciava la liturgia della meraviglia, perché a nonno era necessario quel disordine per tornare a sentirsi patriarca come lo era all’epoca in cui nessuno era ancora partito.

Zio Tonino lavorava alla Bassetti di Rescaldina. Non appena metteva piede in casa dei nonni, tovaglie, lenzuola e asciugamani comprati allo spaccio svolazzavano sopra le teste e davano un’aria femminile alla casa, un po’ come quando erano stati celebrati i matrimoni in famiglia, qualche anno prima, e i corredi erano stati esposti per giorni agli sguardi dei vicini, in una partecipata mostra di tessuti. Dopodiché calava il silenzio. Le donne sparivano a preparare i letti e in cima al ballatoio restava nonno con i figli, ancora in canottiera e pantaloncini corti, ma con la faccia soddisfatta. Toccava a lui inaugurare i discorsi: «Come ve la passate in Alta Italia?»

Non pronunciava mai la parola "Milano", ma "Alta Italia", che riempiva la bocca di una geografia irraggiungibile. I discorsi a quel punto si complicavano: i nomi che tornavano nei ragionamenti erano quelli di Pirelli Bicocca, Falck, Magneti Marelli, Bassetti. Nonno stava in mezzo a un'accademia di tute blu, non sapeva a chi dare retta, però continuava ugualmente a sentirsi un re, sia pure in un parlamento di voci contrastanti. Le questioni si aggrovigliavano, i toni salivano e nonno cercava di dare ragione a tutti. Solo allora le donne raggiungevano i mariti. Stringevano nelle mani qualche camicetta, un costume da bagno, un cappello di paglia: tutta roba comprata alla Rinascente, di fronte al Duomo.

«La Rinascente?» interrompeva nonno. E si cominciava a discutere di altri argomenti.

La Rinascente era un castello di luci, dicevano, con le scale mobili e la merce in vista. E mostravano le camicette, i costumi da bagno, i cappelli di paglia. A noi parevano articoli di lusso, roba che veniva da una terra di gentilezze e di comfort, dove le commesse sorridenti aiutavano a indossare una giacca o a scegliere una cravatta. Alla Rinascente non mancava niente per sentirsi completi. Nemmeno la sicurezza di vivere nel benessere e l'amore, che dava profumo alla lontananza di tutti.

All'epoca in cui tornavano i parenti il male delle parole era solo un ricordo, ma era questo ricordo a tenermi in bilico sulla minaccia che si ripresentasse da un momento all'altro, soprattutto in presenza degli zii, che sapevano poco o fingevano di non sapere. I miei genitori erano sempre abili nel tergiversare, spostando l'attenzione su altri argomenti.

«Siete venuti per godervi la festa» interveniva mio padre.

Agosto era il tempo dei cantanti che aspettavamo con la stessa ansia riservata ai parenti, come se due Milano arrivassero da noi: quella industriale degli zii e quella televisiva dei cantanti. Con questo spirito, ogni volta che mettevano piede in casa di nonno, la prima cosa che i figli chiedevano era: «Chi viene a cantare per la festa della Madonna?» E difatti, nel corso del tempo, sul palco in piazza si erano esibiti Robertino, l'Equipe 84, Claudio Villa, Bobby Solo, Little Tony.

Un anno era atteso Don Backy, quello dell'*Immensità*, che doveva scendere in auto da Milano, ma era tanto in ritardo da obbligare zio Tonino a un'argomentazione meccanica.

«A Don Backy si sarà rotta la dinamo.» Pronunciò la parola "dinamo" con un che di assoluto, qualcosa che superava il grado di difficoltà contenuto nel termine "record". Non sarebbe stato il caso di mettersi a dare spiegazioni in mezzo a gente delusa, sicché si limitò a precisare: «Vedrete che se la dinamo funziona in quattro e quattr'otto è qua.»

"Quattro e quattr'otto" era un'altra delle espressioni che inseriva ovunque. Non era una misurazione del tempo, ma una formula con cui rimediare alle mancanze.

«In quattro e quattr'otto lo spettacolo comincia.»

Infatti lo spettacolo non tardò a iniziare. Uscirono le soubrette con i costumi a pagliaccetto e il compito di intrattenere il pubblico che stava con la testa all'insù e il naso puntato sulle loro gambe, proprio lì, al centro del palco, ad ammirarle. Più le soubrette cantavano, più cresceva l'aspettativa e una squadra di ubriaconi si accostò alle transenne per gridare: «Sana sana...»

"Sanare" era il termine che si sentiva in bocca al sanaporcello quando girava masserie e campagne per avviare i maiali all'ingrasso. Era chiaro che il "sana sana" gridato dagli ubriaconi voleva indicare altro rispetto al mestiere del sanaporcello e le soubrette lo capivano perché gli ubriaconi lo accompagnavano con gesti sconci delle mani, con schiamazzi che facevano arrossire le donne, tanto che dovettero intervenire i carabinieri per allontanarli. Lo spettacolo riprese, ma senza Don Backy. Arrivò mezzanotte, l'ora dei fuochi artificiali, e le luci si spensero, la piazza si svuotò. Sotto il palco rimase solo zio Tonino, in compagnia dei cani, a sgranocchiare le arachidi che aveva comprato in attesa dell'*Immensità*. All'improvviso sembrò che fosse autunno e sul volto del nonno paterno si disegnò un po' della malinconia che avvertiva non appena dal televisore gli arrivava la voce di Nicoletta Orsomando: «Dagli studi della Fiera di Milano...» Come doveva essere luminosa quella fiera puntellata di antenne?

Mia sorella non aveva ancora compiuto tre anni e in casa cominciò a circolare l'ipotesi di un viaggio primaverile in Alta Italia. Mio padre intendeva conoscere la realtà delle fabbriche, quella che, secondo i suoi calcoli, discendeva dall'Illuminismo lombardo. Ricordo che in quel periodo continuava a ripetere due nomi: Erasmo Peracchi, il presidente della Provincia di Milano, e il dottor Neri, un dirigente della Bassetti di Rescaldina, con cui il Circolo La Torre voleva allacciare un gemellaggio culturale. Li pronunciava con un'importanza che variava nel tono, come se entrambi fossero l'avamposto di una civiltà che andava oltre le catene di montaggio e i palazzi del potere, oltre il mito del lavoro organizzato.

«Uno che si chiama Erasmo» diceva, «sicuro è discendente di qualche illuminista.»

Continuava anche allora nel suo cifrario pedagogico. Io afferravo e non afferravo che si trattava di un discorso da fare con occhiali da intellettuale. Ma intuivo anche che fosse il tentativo di una guarigione, una specie di viaggio di risarcimento in cui ci saremmo trovati nuovamente soli, io e i miei genitori, per la prima volta dopo l'arrivo di mia sorella.

«Nostro figlio tornerà a casa diverso» sentivo dire a mia madre, che evidentemente sperava nell'effetto del clima. «Come piove a Milano non piove da nessun'altra parte.»

Mio padre assentiva con la testa e aggiungeva: «Finalmente nostro figlio conoscerà l'Illuminismo.»

Notavo un'aria di sorpresa, un calore insolito, come se la notte che dovevamo trascorrere in treno fosse una pausa nella macchina del tempo, anzi fosse proprio questa macchina del tempo ad avvertirci che era giunto il momento di dimenticare una volta per tutte il male delle parole.

«Ti ricordi quando ascoltavi la pioggia?» chiedeva mia madre. «A Milano, se Dio vuole, ne cadrà così tanta da non dimenticartene più. Milano è tutta un ritmo regolare.»

Il viaggio a Milano, il primo dei numerosissimi altri che sarebbero venuti dopo, si colorò di quel verdognolo che emanava la lampadina notturna sulla parete dello scompartimento.

«Devi andare in bagno?» chiedeva ogni tanto mia madre.

Io rispondevo di no e tornavo a poggiare la testa sul morbido accogliente del sedile.

«Ci devi andare?» tornava a domandare lei più tardi.

Fu mio padre ad accompagnarmi, per precauzione, e io lessi la scritta RITIRATA sulla porta dei servizi. Non sapevo che il bagno fosse indicato con quel nome e, quando vidi il corredo di acciaio – il lavandino, la pompetta del sapone, il portasciugamani, il gancio per chiudere la porta –, pensai che quel luogo splendeva di moderno come doveva essere Milano, anzi era l'annuncio dell'Illuminismo, una specie di porto franco dove restare ad ascoltare il lamento delle ruote sui binari, mentre la notte scorreva al di là dei finestrini. Per accedere all'Alta Italia, bisognava stare ritirati: questo compresi. E quando il treno varcò il Po, mia madre fece in tempo a svegliarmi per la terza volta. Non chiedeva se avessi bisogno del bagno, ma indicava l'acqua sotto di noi, l'acqua del grande fiume, bianca nella nebbia e tagliata dalle traversine di metallo che reggevano il ponte su cui il treno scivolava come una carezza.

«Tutto sarà diverso» disse lei. «Siamo in Pianura Padana.» E si alzò di slancio, come se avesse aspettato che quella notte cancellasse ogni ricordo del silenzio.

La teoria che ci fosse davvero un legame tra Milano e la pioggia trovò conferma non appena varcammo il Po e la luce della nebbia disegnò sul volto dei miei genitori un senso di incredula meraviglia, quasi il mondo a cui ci stavamo affacciando fosse coperto da un lenzuolo da sollevare piano piano, per non guastare la sorpresa. La Milano che ci accolse all'arrivo era piagnucolosa e io ci scorgevo una somiglianza con la poesia ascoltata sulla bocca di mia madre alla vigilia del viaggio: «*Piove da un'ora soltanto, ma il bimbo pensa che già piove da tanto, da tanto sopra la grande città...*»

Tutto concorreva a dare un'immagine di disciplina industriale: le arcate della stazione erano di acciaio grigio e grigi erano anche i marciapiedi, i lampioni, i semafori. Un'acquosa felicità si spalancava quel giorno sotto le nuvole di una Lombardia che per errore chiunque avrebbe potuto definire solitudine e invece dava speranza a mia madre che io dimenticassi quel che era accaduto.

«Ci voleva questa primavera, proprio ci voleva» ripeteva.

Era domenica e soltanto l'indomani era previsto l'appuntamento con il dottor Neri alla Bassetti. Perciò mio padre si gettò a capofitto nel cercare un tram che fosse diretto verso i quartieri occidentali della città. Zio Salvatore abitava proprio lì, in cima a un palazzo a due passi dal Naviglio, da dove si vedevano i prati innaffiati dall'umido. Mio padre aveva fretta di capire: «Da che parte si trova l'Alfa Romeo di Arese? E la Lomellina? E le Prealpi?»

Cercava conferma di quel che aveva studiato sulle cartine nei giorni precedenti. Zio Salvatore indicava direzioni immaginarie oltre i muri, incalzato dalle richieste di mio padre: «La famosa Eni dove si trova?»

Pochi anni prima c'era stato l'incidente di Enrico Mattei e mio padre si era ripromesso di visitare San Donato Milanese, perché Mattei aveva impiantato una fabbrica chimica nella zona del Materano, in Lucania, e recarsi a San Donato sarebbe stato un po' come andare sulla tomba di quest'uomo.

«Se Mattei non fosse morto...» interveniva mio padre mentre zio Salvatore allungava il braccio verso le lingue di fuoco che non vedevamo per la distanza, ma che di sicuro bruciavano in cima alle torri di San Donato.

Non si era sbagliato nel pensare alla pianura su cui poggiavamo i piedi come a uno sterminato mare di promesse. In quel sottosuolo c'era l'acqua che mi avrebbe salvato e Milano, senza volerlo, diventò un'isola di futuro nella rotta dei miei anni. Io non lo sapevo, ma Alfonso Gatto, che in quella città era vissuto prima di me, avrebbe espresso lo stesso sentimento con parole più tenere: «*Diventata memoria, Milano mi sarà paese d'infanzia.*»

A quell'epoca Rescaldina si limitava a essere qualche casa di corte soffocata dai rami delle acacie, costruite lungo un rettilineo che congiungeva due campanili di mattoni rossi. Non aveva nulla dell'aspetto industriale che mio padre aveva immaginato pensando alla Bassetti e l'umido della pioggia, che cadeva da giorni, assicurava un profumo di radici, un colore sempreverde alla fabbrica da cui uscivano i tovagliati, gli strofinacci, le lenzuola che avvolgevano le notti e i giorni di quell'Italia fortunata e sognante.

Quando mio padre incontrò il dottor Neri, i suoi figli mi fecero trovare un paio di pattini avvolti in un pacco regalo. Doveva essere una persona a modo questo dottor Neri, almeno così lo ricordava mio padre, e credo che la sua presenza nella mia vita sia legata, oltre che ai pattini, a un nome di località – Candela – entrato in casa nostra grazie a lui. Candela è un paese che si incontra quando da Melfi si viaggia verso il Tavoliere pugliese e somiglia a un cappello di case in cima a una collina. Non è Lucania, non è Irpinia, non è pianura di Capitanata, ma sta a metà di tutto e io ho sempre pensato, passandoci vicino, che tra quelle mura arroccate si parlasse una lingua nata dall'amore dei venti.

Candela mi era sconosciuta fino al giorno in cui il dottor Neri non ce la indicò come la direzione più conveniente per raggiungere l'A16, l'autostrada Napoli-Bari, sicuramente migliore dei tornanti che rendevano lenta e complicata la marcia sulla statale Ofantina.

«Hai tolto le briglie alla macchina» esclamava mia madre quando percorrevamo, in vista di Candela, il nastro di asfalto sulla pianura tormentata dal favonio.

Mio padre faceva orecchie da mercante: «Gran bella notizia ci ha dato il dottor Neri. Soltanto l'Illuminismo lombardo poteva svelare una geometria così esatta.»

Se il dottor Neri facesse o non facesse anche lui parte dell'Illuminismo lombardo non lo compresi mai, però ricordo le strane calzature di metallo, con i lacci, le stringhe di cuoio e i bulloni, che mi avevano regalato i suoi figli, a Rescaldina, quando ci invitarono a cena da loro. Il primo pensiero fu: sarà immensa questa casa se hanno bisogno di ruote per spostarsi.

I figli del dottor Neri mi portarono a Legnano, dove si trovava la pista di pattinaggio. Mi assicurarono che era facile stare in equilibrio: bastava caricarsi di velocità e tutto sarebbe venuto da sé. Usarono proprio questo verbo: "caricarsi", come si dice per le molle o i proiettili.

«È come correre» ripetevano. E mi presero chi da un braccio e chi dall'altro, mi diedero una spinta, si staccarono. La magia non accadeva. I pattini erano strumenti troppo sofisticati per il mio corpo legnoso, perciò quando tornai in

Lucania li chiusi in una scatola e non li calzai mai più, nonostante mi ricordassero una Milano nuvolosa e industriale, ma di un'industria che dava un sentimento di pulito, come il lino bianco della Bassetti. Ogni tanto li tiravo fuori solo per il piacere di sentire il rumore delle rotelle e di pensare che in Alta Italia le strade non erano strade, ma morbidi tappeti dove far scivolare i pattini, in un giardino di aiuole e alberi. In quel rumore si nascondeva il significato di una vita che correva veloce, simile a parole bagnate dall'acqua.

La pioggia tormentò il resto dei giorni a Milano e mi impedì di assistere all'incontro tra mio padre ed Erasmo Peracchi – un incontro che rimase avvolto dall'umido di quella primavera e si smarrì nei racconti degli anni successivi –, eppure mia madre era contenta che io avessi ricevuto un battesimo d'acqua in una civiltà geometrica, diversa dall'ingarbuglio del nostro Appennino.

Lei sperava che io dimenticassi ciò che era avvenuto con la nascita di mia sorella e certe volte ci credeva, certe volte la sensazione che per me fosse cominciata una stagione nuova disegnava sul suo volto la tenerezza di una felicità impronunciabile, per paura, per scaramanzia, da vivere nell'inesprimibile. Ce ne tornammo a casa con l'idea di una Milano senza macchie e senza memoria, come se la pioggia avesse cancellato i ricordi e mi rendesse simile alla camicina che il sacerdote aveva consegnato ai miei genitori il giorno del battesimo.

«Milano ti ha pulito la coscienza» suggeriva ogni tanto mia madre. Nelle sue certezze io ritrovavo la strada di quel che ero prima dell'arrivo di mia sorella, come se il disordine del mio linguaggio dipendesse dalla memoria. Pulirmi la coscienza era come dimenticare: questo desiderava mia madre e questa fiducia mi accompagnò fino alla soglia della scuola elementare.

Io non posso dire che lei avesse ragione, ma c'era un momento in cui il candore di Milano, lo strano, inspiegabile rapporto tra memoria e detersivi, si manifestava in tutta la sua beatitudine ed era quando in tv partiva la sigla della *Domenica Sportiva* e mia madre compiva l'ultima azione della giornata caricando la lavatrice. L'aria di casa si riempiva di odori artificiali e Paolo Frajese chiudeva la settimana con gli interminabili risultati dei campionati di calcio. Leggeva i nomi delle squadre con un tono pacificante, era lui che spalancava la porta del sonno, nella speranza di immaginare, in un'armonia favorita dalla notte, i rettangoli d'erba: Spal, Pro Patria, Nocerina, Juve Stabia, Pro Cavese, Puteolana, Aquila Montevarchi, da che parte si trovavano? E la Turris aveva qualcosa in comune con la *turris eburnea* che si nominava in chiesa?

Non aveva importanza come giocasse il Fanfulla Lodi, ma già il nome prometteva una festa di carnevale. Fanfulla doveva essere un folletto con molte grazie da chiedere a Dio, il suo compito era spargere coriandoli sopra le nostre teste, bianchi come fiocchi di neve. Mentre Frajese bisbigliava nomi di squadre negli studi Rai di Milano, io mi addormentavo aspettando il miracolo di Fanfulla: chissà domani come saranno carichi di neve i tetti, mi dicevo e mi preparavo alla sorpresa di non andare a scuola. Rimanevo deluso. Fanfulla era impertinente come il suo nome, non elargiva concessioni.

Un po' della mia preistoria finì quando venni a sapere che *Fanfulla della Domenica* era una rivista vecchia di un secolo, stampata alle porte di Milano, nella città di Lodi, dove il treno, su cui avrei viaggiato negli inverni futuri, arrivava sul far del mattino, infreddolito e stanco, poco disposto a entrare nella nebbia.

5
Paradigmi olfattivi

Sono stati i saponi, gli unguenti, le creme, le lozioni a tenermi aperta la strada verso Milano, al ritorno dal viaggio, perché era Milano il luogo da dove arrivavano quei prodotti, di cui prima sentivo l'odore e poi andavo a scovarli sopra le mensole del mobile bianco. Leggere le località sulle confezioni, cercarle sull'atlante era come mantenere i legami con una civiltà che arrivava a noi attraverso le narici.

Sorgeva, questa strada, dagli angoli più dimenticati della casa, quelli dove mia madre teneva i fustini con la polvere per la lavatrice, e non dava soltanto un alone di pulizia, ma era una specie di medicina contro la solitudine perché in autunno, quando le giornate erano vuote rispetto a quelle delle ferie con gli zii, bastava togliere il coperchio al Dixan e il naso si riempiva di un'aria lombarda.

Ogni detersivo, ogni profumo dimostrava che esisteva davvero l'Alta Italia, noi ci eravamo approdati in un tempo non così lontano e il ricordo bisognava conservarlo nella memoria almeno finché non fosse giunta l'estate successiva, quando la casa si sarebbe nuovamente riempita di voci lombarde. Poteva sembrare solo un espediente per ingannare il passaggio degli inverni, niente più che una parentesi tra un agosto e l'altro. Invece no: Milano appariva una città di panni al vento, senza venature di ignoranza, illuminista come la intendeva mio padre.

Decifrare la geografia delle etichette era un esercizio che aiutava a dimenticare il silenzio di quando mia sorella era nata. Cominciava, questo esercizio, dal Victor, che aveva la grande V in mezzo a una corona di alloro, al centro di una confezione quadrata con la scritta ACQUA DI SELVA. Il Victor non mancava mai in casa nostra. Stava nell'armadietto in bagno, tra il rasoio di metallo con il gambo svitabile e le lamette Wilkinson, due oggetti che evocavano un'Europa di viaggi ed eleganze inglesi. Inserire la lametta all'interno del rasoio era un procedimento misterioso e ogni mattina mio padre eseguiva dei movimenti cercando di sottrarsi alla vista mia o di mia sorella, per evitare che ci venisse la fantasia di fare anche noi quell'operazione, a sua insaputa.

Altrettanto misterioso era l'odore di bosco che usciva dal tappo del Victor, con cui mio padre strofinava la pelle rasata. Qualcosa di importante stava per accadere non appena svaporava nell'aria: l'arrivo di qualche intellettuale, la partecipazione a un convegno, una corsa in auto alla tipografia Ottaviano. Di sicuro il gesto apriva a una parentela con gli alfabeti, almeno così sembrava a me, perché solo quando aveva a che fare con i libri mio padre si muniva di penne e carta, infilava il fazzoletto bianco nel taschino della giacca, all'altezza del cuore, e si bagnava due dita di Victor.

Lo acquistava in una profumeria di via Pretoria, a Potenza, dove i commessi sorridevano senza mai chiedere cosa stesse cercando. Appena lo vedevano entrare, aprivano una vetrinetta alle loro spalle, prendevano la scatola verde scuro e la poggiavano sul bancone. Tutto era sottinteso, annuito. Il Victor aveva la forza di spargere soggezione intorno, probabilmente per via della corona di alloro che pareva un trofeo da Formula 1 intorno al collo del pilota.

Affacciarsi nel negozio di Potenza era un po' come varcare la porta di Milano, respirare un'aria cerimoniosa di trionfo, da vivere però in modo austero, riservato, lontano dalle minacce che a quell'epoca io vedevo incombere su di noi per colpa dei palazzoni condominiali di Potenza. Sproporzionati rispetto all'umile urbanistica dei paesi. La corona di alloro ti obbligava a maneggiare la bottiglietta con misurata generosità e io immaginavo come dovesse essere abitata da gente eroica via Visconti di Modrone, a Milano, dov'era la sede del Victor. Anni dopo, quando mi convinsi che non avrei avuto alternative se non quella di andare a guardarla con i miei occhi, mi trovai in una strada elegante, in cui tutto era misurato – marciapiedi, alberi, portoni, lampadari – e lo scorrere del tempo avrebbe avuto l'effetto di una corsa vittoriosa.

Cominciai le elementari avvolto dall'odore del Victor. Il primo giorno di scuola entrai di nascosto in bagno, svitai il tappo e imitai i gesti di mio padre: due dita sotto il mento e poi via, con il fiocco svolazzante che accarezzava la pelle profumata. Avevo pensato non so quanto tempo a come sarebbe stato l'impatto con l'aula e di quel mattino conservo un'unica parola: "emblema". Compariva nella poesia di un bimbo che andava a scuola, la madre gli diceva: «*Ometto, fatti onore*», gli dava un bacio con labbra tremanti e quel bacio il bimbo se lo portava nel ricordo, mentre si incamminava con la cartella a tracolla.

La parola "emblema" mi aveva accompagnato nell'attesa di diventare scolaro. Io mi sentivo il bimbo con l'emblema della madre sulla pelle, un po' come il Victor, e mi dovevo fare onore. Ma qualcosa non mi convinceva. Ammesso che avessi ricevuto il bacio di mia madre, non potevo essere io il bimbo della poesia, perché mia madre l'avrei ritrovata subito dopo in piedi, accanto alla lavagna, intenta a scrivere la data del 1° ottobre. La mia libertà durava il tempo di correre da casa all'aula, pochi minuti soltanto, come se la scuola non fosse altro che la prosecuzione di casa, una specie di stanza aggiuntiva. Così avvenne e il profumo del Victor, che speravo durasse per l'intero anno scolastico, svanì nello spazio di un mattino.

Consideravo familiare il miscuglio di gesso, legno e carta che si accumulava a scuola nelle ore a ridosso della campanella. Restava impresso sulle giacche di mio padre o tra i capelli di mia madre, se avessi chiuso gli occhi difficilmente avrei saputo dire se mi trovavo a casa o in aula. Quell'odore non richiamava Milano, come succedeva con i detersivi, ma Brescia, un'altra delle città lombarde nominate da mio padre, perché lì aveva sede l'Editrice La Scuola, che aveva stampato *Ore gaie* e *Fuochi*, il mio libro di lettura e il sussidiario.

«Se cancelliamo Brescia dalle cartine, cancelliamo la pedagogia italiana» proclamava mio padre, come se la città fosse un enorme edificio pieno di maestri e scolari. Un po' questo era vero perché ogni quindici giorni il postino ci consegnava una rivista che si stampava lì: *Scuola Italiana Moderna*. Mio padre si divertiva a trovare i suoi amici tra i collaboratori di ogni numero: i fratelli Di Rosa, Elisabetta Lageder, Carlo Piantoni, Gian Luigi Zucchini e leggeva a voce alta i loro articoli. Talvolta, quando venivano ad Atella per i corsi di aggiornamento, li annunciava con un entusiasmo insolito e si preparava ad accoglierli insieme agli alunni, metteva a disposizione banchi, colori, pennelli, scampoli di stoffe, perché il gruppo dell'Editrice La Scuola, diceva, era composto da pedagogisti d'avanguardia, sperimentatori che insegnavano l'abc giocando.

Potrebbero essere stati loro a insinuare nella testa di mio padre la necessità di prendersi una laurea, decisione che maturò quando io frequentavo le elementari. Ogni tanto partiva sulla Seicento per andare a Salerno a sostenere gli esami. Non ricordo quanto tempo impiegò per completare gli studi, ma di quell'esperienza mi rimane oggi una parola: "dopoguerra". Era nel titolo della sua tesi, un centinaio di fogli battuti a macchina e rilegati con una copertina blu, di cui ricordo poco se non i caratteri dorati e questo benedetto dopoguerra, mai sentito prima, eppure così importante nei ragionamenti.

Era mio padre a comunicarcelo ad alta voce quando cenavamo: «Il dopoguerra ha cambiato la nostra vita e anche in fretta.» Ma non aggiungeva altro. Io rimanevo in sospeso su cosa fosse veramente il dopoguerra e mi aspettavo che il giorno della laurea dovesse chiarificarmelo.

Ricordo l'aula e mio padre preoccupato per l'assenza di un professore.

«Gabriele De Rosa è in ritardo, Gabriele De Rosa è in ritardo» ripeteva. Io non conoscevo quale ruolo avesse questo De Rosa e avrei voluto sapere se per caso si fosse perso nel dopoguerra, ma non avevo il coraggio. «Tocca discutere con Antonio Cestaro» sentivo dire. E avrei voluto chiedergli: discutere vuol dire litigare?

Eravamo solo noi, una famiglia smarrita tra i banchi che aspettava l'arrivo di De Rosa direttamente dal dopoguerra. Alla fine De Rosa entrò e mio padre poté laurearsi, ma senza l'enfasi delle toghe, com'era avvenuto nella cerimonia per zio Gildo. Non era giorno di pioggia e le parole, forse per mancanza d'acqua, non arrivarono fino a noi che stavamo in alto. Vidi mio padre che risaliva verso il banco dove eravamo seduti, ma era uguale a quando era sceso. L'università non gli aveva cancellato l'odore della scuola, perché chi studia pedagogia, disse mamma quel giorno, è come se diventasse sovrano di un regno fatto di quaderni e inchiostro. E questa favola, a pensarci anche ora, è stato l'unico vangelo in cui hanno sperato i miei genitori.

Altri odori mi accompagnarono negli anni delle elementari ed erano pomeridiani anziché mattutini, per esempio quello della stufa a kerosene appoggiata al muro del soggiorno e con un tubo infilato nel soffitto. Lo avvertivo quando sedevo al banchetto in formica, di colore verde, che mia madre aveva sistemato a un passo dal balcone.

«Da qui puoi vedere il passaggio dei giorni» suggeriva e io non sapevo se parlava da madre o da maestra, ma obbedivo ugualmente, per capire cosa potesse essere questo passaggio dei giorni.

Accendere la Warm Morning, la stufa di colore marrone e con una grata gialla bucherellata, era un'operazione riservata solo a mio padre. Ogni pomeriggio riempiva il serbatoio di carburante, girava la manopola, immergeva un batuffolo di ovatta e lo posava con un ferro sul fondo della caldaia. Il kerosene alimentava la fiammella e il calore saliva lungo il tubo a riscaldare il soggiorno, a dare speranza che questo famoso passaggio dei giorni mettesse ordine dentro di me e io potessi appartenere al mondo che era rappresentato in quei pochi metri quadrati – mia sorella con la bambola, mio padre con i libri, mia madre con i panni da stirare –, appartenergli fin nelle radici, non come un soprammobile senza mobile.

Per qualche attimo, prima della combustione, il kerosene spargeva un'atmosfera che suscitava l'ebbrezza di Milano. Era stato mio padre a parlare di idrocarburi durante il ritorno dall'Alta Italia, mentre il treno notturno sfiorava le lingue di fuoco in cima alle torri di San Donato Milanese. «Finalmente siamo riusciti ad ammirarle» diceva a me e a mia madre, e nominava Enrico Mattei, un eroe di quella Milano illuminista che piaceva tanto a lui. Il buio, dall'interno dello scompartimento, dava un aspetto di ombra a tutto ciò che avevamo intorno, eccetto le lingue di fuoco, alte e aggressive nella notte, che sarebbero state un segno da portare tra i ricordi. E dai ricordi quelle lingue tornavano ad affacciarsi quando bisognava accendere la Warm Morning, sicché la stufa diventò l'avamposto di una Milano indimenticabile e mio padre riusciva a insinuare in tutti noi la convinzione che fosse stata inventata a bella posta per oltrepassare il tempo dei camini e dei bracieri.

«Cosa c'è di più moderno di una Warm Morning?» si domandava. I suoi discorsi finivano sempre lì, a rimarcare il dopoguerra che aveva dato il via a un'altra Storia. E questo ripeteva anche a suo padre: «Abbiamo comprato la Warm Morning. È un buon acquisto: porta caldo alle ossa e non provoca i disastri del fumo.»

La Warm Morning era fabbricata nelle officine di Saronno, vicino a Rescaldina, e il nonno paterno si consolava appena sentiva che quel pezzo di modernità veniva dalla stessa civiltà in cui vivevano i suoi figli. Perciò non ci mise molto a sbarazzarsi del braciere, che generava così poco calore da obbligarlo a tenersi il cappotto addosso. Dopo che mio padre gliel'accendeva, prese l'abitudine di accarezzare il tubo con la mano, seduto di fianco. Pareva dormisse, invece era impegnato nell'esercizio del tempo: assaporava la leggerezza di chi dimentica, perché solo chi dimentica ama veramente e tutto ciò che gli sta intorno finisce per confondersi nel caldo.

Ci fu un momento – e coincise con il terzo o quarto anno delle elementari – in cui mia sorella cominciò a seguirmi nelle frequentazioni di unguenti e profumi. Lei ancora non sapeva leggere le etichette, ma si industriava come meglio poteva nell'aprire e chiudere tappi e coperchi, nel mescolare creme e lozioni fino a sentirsi autorizzata a coprire con i suoi intrugli la faccia delle bambole, imitando quel che vedeva sui rotocalchi femminili in giro per casa. Una volta arrivò addirittura a maneggiare la varichina Ace e poco mancò che ne bevesse un sorso dalla bottiglia di plastica. Mia madre gliela strappò di mano all'ultimo momento. La vestì in fretta e la portò dal medico. Non accadde nulla di grave, ma al ritorno mi sentii dire: «Se anziché le etichette ti dedicassi a leggere i libri, tua sorella non imparerebbe a fare pastocchie.»

Mio padre conservava fiducia nella strategia delle attese.

«Diamogli il tempo di crescere.»

«Il buongiorno si vede dal mattino» troncava spazientita lei. E il dialogo finiva in un nulla di fatto: i miei genitori divisi da una linea invisibile su cui stavo io, seduto al banchetto di formica verde, per vedere il passaggio dei giorni.

Se davvero negli odori di casa transitava il tempo, annusare creme e unguenti equivaleva a sfogliare il calendario. In inverno cominciavo ad avvertire l'arrivo dell'estate nel mentolo del Prep, che mio padre teneva tra gli strumenti da barba, e già solo svitare il coperchio procurava un senso di afosa libertà. Sullo stesso ripiano c'era anche il barattolo del Vicks, la pomata agli alberi alpini che mia madre, al nostro primo starnuto, spalmava sul petto mio e di mia sorella.

Il Prep e il Vicks non erano semplicemente due sostanze chimiche, una bianca e l'altra verde, ma diverse maniere di essere reciproci e contrari rispetto allo scorrere dei giorni, il polo nord e il polo sud di un'epoca divisa a metà tra la sfera di influenza di mia madre (il Vicks) e il sentirsi richiamati, man mano che il tempo avesse fatto spuntare i peli sulle mie guance, all'emisfero di mio padre (il Prep). Il Vicks significava febbre, medicine, asciugamani bagnati sulla fronte. Il Prep invece un'evasione geografica. Alla luce di quel che è avvenuto, credo che il Prep abbia vinto la sfida con il Vicks. La sua azione mi avrebbe spinto lontano da casa, verso l'autonomia.

C'era una terza sostanza a dare significato alle settimane dell'anno: la Sifcamina puzzolente e autunnale, buona per curare le distorsioni e i torcicolli. Era d'un giallo oleoso e denso e aveva un tubetto che trasmetteva una disciplina militare: lo si prendeva in mano con cautela perché era facilmente incendiabile, si svitava piano piano il tappo, se ne faceva uscire mezzo dito e la si spalmava sulla pelle, che poi veniva coperta da una sciarpa messa a riscaldare sopra la stufa a kerosene. Non appena qualcuno di noi si lamentava per un torcicollo, mia madre cominciava il racconto di una disavventura che aveva i contorni di un carnevale. Suo padre, il nonno materno, aveva spalmato un intero tubetto sulla schiena di uno dei garzoni che lavoravano alla masseria. Aveva strofinato così tanto da provocargli una specie di ustione e costringerlo a gettarsi nella fontana sotto il pioppo. Si chiamava Carmine, il garzone, e la sua vita, che prima o poi avrò il coraggio di raccontare, è stata per la mia infanzia una strada in ombra.

Mia madre usava la Sifcamina con parsimonia, anche con preoccupazione, perché era insidiosa. Quando andai a Milano, al momento dell'addio, non me la infilò in valigia. E non ci mise nemmeno il barattolo del Vicks, perché ormai avevo tolto le tonsille e le febbri reumatiche erano un ricordo. Con il Prep invece non badò a risparmi: mi diede un paio di confezioni, ben avvitate e nascoste in mezzo a calzini e camicie. Lo fece perché diventavo uomo uscendo di casa, avrei dovuto farmi la barba tutti i giorni. In quell'odore avrei trovato la direzione del mio domani.

6
Tentativi di verticalità

Chissà se sia stata colpa dei fogli in bilico sui quattro angoli della scrivania di mio padre o delle cartelle portadocumenti che straripavano dalle mensole della sua libreria, ma quando entravo nel bugigattolo mi veniva spontaneo alzare lo sguardo verso l'alto, come se il soffitto fosse più distante dal pavimento rispetto al resto della casa e fissarlo era l'unica scappatoia per non sentirsi soffocati da troppe parole.

Il pomeriggio avevo preso l'abitudine di trattenermi là dentro, mentre lui riposava seduto sul divano in soggiorno. Afferravo un libro, lo sfogliavo, ripetevo qualche frase: «*Eri dritta e felice sulla porta che il vento apriva... Mi ricorderò di questo autunno splendido e fuggitivo dalla luce migrante... Al pellegrino che s'affaccia ai suoi valichi, a chi scende per la stretta degli Alburni...*» La musica delle parole assomigliava a quella della pioggia: uguale nella cadenza, uguale nel ritmo.

Il libro si intitolava *Poesie di ieri* e faceva da spalla a un altro, identico nelle dimensioni e nella copertina di cartone marrone: *L'età della luna*. Mio padre li teneva bene in vista nello scaffale, in onore di Sinisgalli, l'autore di entrambi, che li aveva firmati quando era venuto ad Atella.

Non sapevo dove fossero i monti Alburni, ma il loro nome, composto di veglie e di albe, mi indicava che erano una specie di porta della Lucania, una soglia da varcare arrampicandosi lungo i valichi da scavallare durante i viaggi pellegrini, solo a patto che io fossi tornato nel tempo di ieri, come indicava il titolo, il tempo dei padri e dei nonni, che un po' mi apparteneva pur senza averlo attraversato. Mio padre era vissuto in questo ieri, a me invece spettava di capire l'età della luna: qui stava la differenza tra noi. Perciò i due libri si tenevano compagnia. Molti anni dopo, a Milano, avrei imparato una canzoncina dialettale: «*La luna l'è ona lampadina...*» Dove, se non a Milano, la luna può essere scambiata per un abat-jour o un lampione? I milanesi ci sanno fare con la modernità, mi dicevo ripetendo un po' le teorie di mio padre.

L'età della luna, per quante volte lo prendessi in mano, non riuscivo mai a capire cosa volesse intendere: per caso la luna compiva gli anni? Ammesso che fosse vero, quand'era il suo compleanno?

A un certo punto compresi che il libro aveva a che fare con lo sbarco di Armstrong, in quel luglio famoso in cui non avevo compiuto sei anni, ma ricordo lo schermo del televisore di mio nonno paterno, tondo come la corona di sedie su cui eravamo seduti tutti, perfino nonna, che pure non aveva grande dimestichezza con quell'apparecchio e ogni tanto andava ad affacciarsi sul ballatoio.

«Questi che sono qui sono lì?» chiedeva quando rientrava e indicava con una mano il vetro del televisore, con l'altra il ballatoio fuori, illuminato dalla luna.

«È chiaro, è chiaro» diceva mio padre. Ma non trovava le parole nemmeno lui. Se le avesse avute, avrebbe dato spiegazioni più ampie. Perciò si limitava a ripetere «è chiaro, è chiaro», dando conferma a tutti che quella sera stava accadendo qualcosa di molto astratto.

Nonno era un pezzo di marmo e il suo silenzio nascondeva un sentimento cerimonioso per le voci metalliche che arrivavano dagli altoparlanti del televisore: c'era un uomo con gli occhiali e un ciuffo di capelli irrequieto, che si agitava a un microfono, guardava lo schermo che aveva davanti e sobbalzava sulla sedia. E c'era un altro di cui non si capiva granché perché si mangiava le finali, si intrometteva nei discorsi e faceva *no, no* con la testa. La luna parlava americano quella sera e questo metteva soggezione a tutti.

«È chiaro, è chiaro» ripeteva mio padre. Ma non era chiaro per niente. Come poteva essere arrivato un uomo fin lì?

Eravamo increduli e guardavamo il grigio che colorava le immagini nel televisore: antenne, treppiedi, macinacaffè, questo ci sembravano gli strani attrezzi volanti che vedevamo muoversi in tv con una lentezza esasperante. Accettavamo senza reagire: era così, ce lo raccontava la televisione, come non credere?

Finita la trasmissione, spento l'apparecchio tv, ci guardammo tutti in faccia senza aggiungere nulla, poi ce ne tornammo a casa nostra, passando sotto il chiaro della luna che era alta nel cielo. Nulla era cambiato, eppure sapevamo che uno di noi era arrivato lassù, con i piedi ben piantati sul terreno di buche e cerchi. Adesso la luna non era più intoccabile. Avrebbe cominciato a spegnere le candeline, un anno dopo l'altro, e il tempo le avrebbe dato l'età per invecchiare.

C'era sempre poca luce nel bugigattolo di mio padre perché la finestra distava sì e no un metro dal muro di fronte. Non l'aprivamo se non raramente, quando bisognava far prendere aria ai libri oppure in occasione delle grandi nevicate, come quella che sommerse il paese sotto un manto di oltre un metro e diede agio a mio padre di scavalcare il davanzale, poggiare i piedi su un arco di mattoni rossi e raccogliere la neve in una pentola: operazione non facile, consentita solo a lui, perché l'arco non era solido come risultava all'apparenza.

«Quest'anno è memorabile» confermava mio padre dopo aver oltrepassato la soglia della finestra. E indugiava, si guardava intorno, calcolava le nuvole. «Ce ne ricorderemo a lungo. Come scordarsene?»

Mia madre non lo interrompeva mai quando era in vena di previsioni, ma aveva paura che l'arco cedesse.

«Sbrigati là sopra.»

La neve da raccogliere si formava solo lì, sull'arco, perché non ci batteva il sole se non a mezzogiorno. Era granulosa al punto giusto per essere mescolata al vino cotto e servita come un sorbetto primordiale, qualcosa di simile a quanto stava per raccontare Nerino Rossi in un libro di inverni appenninici, *La neve nel bicchiere*, vissuti, lui bambino, sulle alture di Castenaso, nel bolognese. Molti anni dopo avrei conosciuto di persona Nerino, ma sarebbe stato un incontro silenzioso: magro e con gli occhietti verdi dietro le lenti, un uomo di una tenerezza infreddolita.

Nel trambusto di raccogliere neve nella pentola e di consegnarla a mia madre, mio padre si dimenticò di chiudere la finestra e io presi il suo posto sull'arco. A destra avevo un muro, a sinistra le cime di Pierno e Santa Croce, ma lontane all'orizzonte, in un punto incerto che non era Mezzogiorno e nemmeno Occidente: qualcosa a metà di un segmento geografico che in un tempo successivo avrei chiamato "confine vespertino". Quelle montagne furono una scoperta, mi rimasero impresse al punto che, più tardi negli anni, me ne sarei ricordato cominciando a scrivere sui miei fogli segreti: «*Io vorrei raccontare di quando ero ragazzo e me ne andavo con le mani nelle tasche a vedere le montagne che si affacciavano dai tetti, d'inverno...*» Doveva essere l'inizio di un racconto di là da venire, invece rimase nell'elenco del non finito.

Mi costava fatica leggere, nonostante fossi agli ultimi anni delle elementari. I libri li accarezzavo, osservavo le copertine, sfioravo i nomi degli autori e immaginavo dove vivessero, cosa facessero in quei momenti, mentre io ero lì, ad ammirarli. Se mi spingevo in un'ipotesi di futuro, non mi vedevo nelle vesti di lettore ma di tipografo, come i fratelli Ottaviano, e questa ipotesi mi aiutava a trascorrere i pomeriggi nel bugigattolo di mio padre, a dimenticare la malattia del silenzio.

Per un'estate restò in bella vista, sulla scrivania, *I giorni dell'onnipotenza*. Ricordo la copertina bianca e azzurra, e il disegno di una piramide, su cui un uomo sedeva a gambe incrociate, mentre in basso, ai suoi piedi, un altro uomo camminava dubbioso. Il libro si trovava su una pila di appunti illeggibili, ma sono certo che riguardassero la solitudine del mondo prima della creazione, quando esistevano solo il nulla e il buio. L'uomo in cima alla piramide poteva essere Dio, pensavo, quello ai piedi era di sicuro mio padre, che aspettava di dare un nome al tempo che sarebbe venuto e canticchiava le parole di Fabrizio De André: «*Dio del cielo, se mi vorrai amare, scendi dalle stelle e vienimi a cercare...*»

I ragionamenti che mio padre faceva con Dio rimanevano nel chiuso del bugigattolo. Credo fossero l'aspetto più segreto del suo stare al mondo, di cui non ci parlava mai se non quando, la domenica mattina, veniva a bussare don Peppino di Ripacandida, uno dei preti suoi amici. Io ce l'ho ancora davanti agli occhi questo sacerdote sorridente e frettoloso, uno spettro con il naso affilato, il basco in testa e una sciarpa tanto lunga da finire sotto le scarpe inzaccherate. Sentirlo ragionare era come assistere a una corsa spericolata di carriole: smozzicava le parole, saltava da un argomento all'altro.

«Certe volte penso a Dio che abita chissà dove» esordiva don Peppino, «noi lo cerchiamo, lo chiamiamo, ma lui non ci risponde. Chissà perché ha deciso di non dirci niente e di tenerci quaggiù nel dubbio.» Faceva una pausa, poi riattaccava: «Anche se poi mi chiedo: quale necessità aveva di creare se non doveva farsi vivo mai?»

Mio padre sapeva bene dove si spingevano i tormenti di don Peppino e alzava il dito verso la volta di casa: «Lui c'è. Lui c'è.» Lui era Dio, questo si sapeva. Lui era qualcuno che, per me bambino, stava così in alto da camminare indisturbato sui tetti, come farebbe solo chi esiste prima di tutti, prima del tempo e dell'eternità, prima degli stessi nonni che per me erano la vera eternità. Dio portava le pantofole: ecco perché nessuno lo sentiva. Cosa poteva fare in inverno se non camminare sui tetti?

Eravamo abbonati alla rivista *Rocca*, che evocava nel nome un aspetto familiare del passato, qualcosa che per i miei genitori era cominciato con il viaggio di nozze e non ancora finito. Quando il postino ci consegnava un nuovo numero, mia madre lo sottraeva alla vista di tutti, lo sminuzzava articolo per articolo, poi lo abbandonava sulla scrivania con la copertina squadernata, le orecchie ai fogli, i segni di matita sulle pagine, ai margini. Mio padre lo trovava accartocciato e si lamentava: «Hai la dinamite nelle mani.»

Le discussioni che iniziavano e finivano dentro le pagine di *Rocca* riguardavano un argomento di grande attualità: se fosse giusto o no rispettare la legge sul divorzio. Mio padre guidava la nostra (domestica) tribuna elettorale. Ragionava pacato, ma si capiva che al referendum avrebbe votato in un modo preciso: «Questo cristianesimo di sinistra mi piace. Era ora che tornassimo all'epoca dei professorini.»

Quando toccava il tema dei professorini, la sua voce diventava filosofica. Da giovane, al tempo dell'impegno politico, era stato seguace di Giorgio La Pira e Giuseppe Dossetti. Non li aveva mai incontrati, ma ne aveva conservato il mito che poi rispolverava quando i fatti di cronaca lo imponevano. E così fu in occasione del referendum.

Cambiavano solo i nomi: anziché i professorini, citava Raniero La Valle, don Giovanni Franzoni, padre Nazareno Fabretti, Carlo Carretto.

«Questi di *Rocca* hanno capito Dio» diceva. E senza nemmeno aspettare reazioni da parte di mia madre si dilungava nel dare spiegazioni: *Rocca* si stampava ad Assisi, ad Assisi c'era la Cittadella, una comunità di cristiani senza famiglia e denaro, obbedienza e disobbedienza, un po' di Cristo e un po' di comunismo, com'era nel vento mescolato di quegli anni. Un giorno si ripromette va di portarci a visitarla e nel frattempo, quando sentiva suonare la chitarra in chiesa e una voce intonava *Hevenu Shalom Aleichem*, si rafforzava nelle sue opinioni: «Siamo dopo il Concilio, eccome se si vede. Chissà ad Assisi quante chitarre suoneranno!»

Molti anni dopo capitai alla Cittadella di Assisi in gita scolastica e mio padre disse: «Vedi la vita, è toccato a te visitarla per primo. Poi ci racconti com'è.»

Io ripensavo alle sue parole, quando mi trovai in quella costruzione, e al privilegio che avevo di essere io il primo della famiglia a metterci piede. Stava cominciando l'autunno e il grigio del cemento di cui erano fatte le pareti spariva tra il verde delle piante rampicanti che salivano lungo le finestre. Era un edificio di una modernità quadrata e senza cerimonie, come doveva essere nella sostanza il cristianesimo socialista di cui parlava mio padre.

Rintracciai la palazzina con gli uffici editoriali e bussai a una porta. Una donna sedeva alla scrivania. Era ancora giovane, ma di una gioventù non adatta alle dolcezze del tempo, una gioventù senza compromessi. Ero impacciato a camminare nel luogo dove nasceva la rivista che i miei genitori si strappavano dalle mani.

«Cosa cerchi?» chiese la donna.

«Qui si stampa *Rocca*?»

La visita si esaurì in quella domanda. La donna si alzò per mostrarmi una stanza con tante macchine da scrivere. Avevo parlato con Claudia Mazzetti, la segretaria di redazione, e quando tornai a casa trovai i miei genitori impazienti sulla porta: «Com'è la Cittadella?» Presi un foglio di carta e disegnai tante piccole casette a forma di cubetti e con le finestre come occhi, una specie di villaggio senza punti cardinali. Intuii un'ombra nello sguardo di mia madre: credeva fosse un luogo appuntito e verticale, perché anche secondo lei Dio abitava sui monti, invece era un piccolo borgo di tetti, pietre e ringhiere. Il mio viaggio smorzava il suo entusiasmo perché Dio davvero un tempo abitava sui monti, poi era sceso per mettersi a camminare sulle terre basse.

La stessa primavera in cui si discuteva sul divorzio, mio padre tornò da un viaggio con un libro dalla copertina rossa e un titolo dal sapore marinaro: *Arcipelago Gulag*. Era preoccupato per qualcosa che non capivamo. Giorni prima era passata da Atella una delegazione di cittadini dell'Unione Sovietica, che aveva tenuto una conferenza nella sala cinematografica e mio padre era corso a incontrarli, portandosi dietro proprio questo libro, che si sentiva in dovere di mostrare ai nuovi arrivati. Dell'autore si segnalava soltanto il cognome – Solženicyn – e quest'anomalia invogliava mia madre a chiedersi come mai il nome non fosse necessario in copertina. Mio padre limitava le sue reazioni a qualche breve commento: «Poveretto Solženicyn.»

Nella foto lo scrittore aveva un volto allungato da rughe, lo sguardo serio e malinconico, gli occhi spenti e una corona di capelli che sorgeva in cima alla curva del cranio, lasciando scoperta la fronte. La faccia era il riassunto del filo spinato e dei soldati nella neve. E mio padre accompagnava le dita che voltavano pagina con un'unica parola: "dissenso". Solženicyn portava i segni di una terra vasta e innevata, da dove ogni tanto affioravano quelle zone recintate che assomigliavano a isole scure in un mare di bianco, irraggiungibili in mezzo alla neve e sorvegliate da soldati con fucili.

«È così che si spiega il dissenso» ribadì mio padre al termine di un lungo discorso in cui, a lettura finita, pronunciò le sue impressioni. «Gliel'ho detto specifico specifico, l'altra sera, ai compagni sovietici.»

«E loro che hanno risposto?» chiese mia madre.

«Che sono fantasie occidentali.»

Poi non aggiunse altro e lasciò *Arcipelago Gulag* alla portata di tutti, sulla scrivania. Nemmeno mia madre si azzardò ad aprirlo, come se l'arcipelago del titolo fosse qualcosa da cui fuggire, certo per la neve, certo per i fucili e il filo spinato, ma anche per quel suono così incomprensibile e pericoloso contenuto nel termine "gulag". I filosofi che leggeva mio padre avevano raccontato la favola che alle terre lontane si approdava per vivere meglio. Per Solženicyn invece i mari non erano più azzurri e da territori felici le isole erano diventate un inferno di freddo.

La parola "dissenso" fu la prima che scrissi in cima a un foglio di carta. Avevo avuto l'idea di elencare i termini che imparavo nel bugigattolo – "dopoguerra", "onnipotenza", "Alburni", "cittadella", "dissenso" –, nelle ore in cui mio padre lo lasciava libero. Salivo con i piedi sulla sedia, mi arrampicavo fino alla mensola più alta, afferravo l'astuccio della stilografica e ci caricavo l'inchiostro.

La Parker 51, la stilografica che io e lui chiamavamo "la penna americana", gliel'aveva mandata dagli Stati Uniti uno zio che era stato barbiere e soldato, poi emigrante dopo l'ultima guerra. Mio padre non l'aveva mai usata in attesa che arrivasse il tempo adatto per farlo, il tempo del poi, che era la sua filosofia. Aspetta e aspetta, stava lì da anni, chiusa nell'astuccio, il fusto in plastica nera e il cappuccio d'acciaio.

Non era tanto importante che le parole si aggiungessero una sotto l'altra, ma che il pennino scivolasse sulla carta con la stessa velocità con cui esse viaggiavano nella mia testa e questa morbida scorrevolezza mi riconsegnava un po' del candore appartenuto ai miei primi anni. Credo di aver capito in quel momento come liberarmi dalla paura di ricadere nel silenzio: scrivere con la Parker 51 grattava via non la ruggine, ma il ricordo che mi rimaneva, tant'è che me la sarei portata dietro, partendo per Milano. Mio padre l'ha messa in bella vista perché io gliela rubassi, avrei pensato prima di andare via, mi sta indicando quel che devo fare. E così è avvenuto.

In treno la tenevo nel taschino, all'altezza del cuore, e ogni tanto ci poggiavo sopra il palmo della mano: è qui, mi dicevo, nessuno me la toglie. Nessuno me l'avrebbe tolta. Un solo pensiero mi tormentava: rubandogli la penna, avevo sottratto a mio padre anche il destino?

7

Inchiostro per gli autunni

I giorni di settembre cominciavano sempre con i buoni propositi. Di mattina, in televisione, trasmettevano i film della Fiera del Levante e il soggiorno dei nonni paterni era invaso da quell'aria di mistero che spingeva a chiudere i battenti delle finestre e a oscurare i vetri della porta d'ingresso, perché la luce del sole rendeva confuse le immagini dei film in bianco e nero. Nessuno voleva perdersi quel momento, che poi finiva in tragedia perché le pellicole in onda, *L'incompreso* o *I figli di nessuno*, quando compariva la scritta FINE verso mezzogiorno, ti lasciavano senza fame e con le lacrime.

Zia Dalia, l'unica figlia dei nonni, si alzava per prima a mettere a posto le sedie, singhiozzava come un'orfana e diceva: «Quale medico ci ha ordinato di vedere il film?»

Pure mia madre si asciugava gli occhi e ripeteva: «Chi ce lo doveva dire stamattina?»

Nessuno ce lo doveva dire, ma tutte le donne, dalla più grande alla più piccola – nonna, mamma, zia Dalia, mia sorella –, piangevano per il film. La Fiera del Levante nasceva come qualcosa di grandioso che si teneva a un centinaio di chilometri da noi, però significava lacrime e sentimenti, tanto che io pensavo a questo Levante e me lo immaginavo come un luogo dove non si faceva altro che disperarsi dalla mattina alla sera: nel Levante non si ride, nel Levante si soffre. Qualcuno azzardava: «Mo basta!», ma era occasionale.

Il giorno dopo, arrivata l'ora, mia madre chiamava per andare da nonna: «Presto, presto, facciamo tardi per la sigla.»

I guai cominciavano appena finivano le lacrime cinematografiche perché mia madre, presa dallo scontento, inaugurava la cantilena dei rimproveri: che la scuola stava per iniziare, che non avevo finito i compiti, che non leggevo.

«Chissà la tua maestra cosa direbbe...»

Io la guardavo: la maestra era lei, non c'era bisogno di quella messinscena.

«Se non leggi, tornerai come all'inizio.»

Io non capivo cosa fosse questo inizio, intuivo che aveva a che fare con il silenzio, come se il male delle parole potesse aggredirmi di nuovo. Leggere era l'unica medicina in grado di allontanare per sempre la paura: questo lei cercava di dirmi. Io però non lo capivo e, in risposta, afferravo il dizionario Palazzi nel bugigattolo di mio padre e lo spalancavo proprio sotto il suo sguardo. Pensavo: una lettura del vocabolario è come mangiare pesche sciroppate durante la febbre. E la sfidavo con gli occhi.

Cominciavo dalla prima pagina, ad alta voce.

«*Aaleniano: piano geologico del periodo inferiore.*»

«*Abacà: fibra tessile.*»

Che medicina era questo dizionario! Mi avrebbe fatto vincere la sfida con mia madre. Ripetevo le definizioni per fissarle nella mente.

«*Abachista: persona esperta nell'arte di fare i conti.*»

«*Abacista: seguace di una delle due scuole in cui si dividevano i cultori dell'aritmetica nell'Occidente cristiano.*»

Mia madre con un occhio cucinava, con l'altro spiava. Io alzavo lo sguardo al soffitto, verificavo se mi ricordavo vocaboli e definizioni, ma vedevo le macchie d'umidità e pensavo a mio padre che soffriva di asma. L'esercizio non sortiva effetto. Resistevo ancora un po' e poi rimettevo a posto il dizionario.

L'estate finiva con l'esperimento inconcluso. Finivano anche la Fiera del Levante e i pianti per i film. Riapriva la scuola e ci tornavo con lo scontento disegnato in faccia. Ricominciava anche il brutto tempo e io mi ero fermato ad "Acqua".

Con l'inizio della scuola riprendevano i viaggi verso Potenza. Ci arrampicavamo con la Seicento sui contrafforti di Lagopesole e da lì puntavamo al valico di San Nicola, passando per Possidente, Paola Doce, San Giorgio, Pietragalla, Tiera, fino a Piani del Mattino, in cima al cucuzzolo dove si arrivava con lo stomaco in subbuglio e il vento dietro le orecchie.

Potenza si annunciava nelle nuvole gonfie di pioggia.

Si andava per fare una capatina all'Upim, perché i quaderni Pigna, era solito ripetere mio padre, non li trovavi da nessun'altra parte se non lì. Avevano lo stemma di un pennino stilografico che pareva l'ago di una bussola puntata a nord e prometteva un anno fortunato tra i banchi, un anno di compiti pomeridiani, di silenzio invernale, di strade invase dal fumo, da accettare come pegno verso un'altra primavera.

Mio padre si lanciava in previsioni quando viaggiavamo verso Potenza e indicava gli uccelli in fuga, il giallo degli alberi, le cime dei monti.

«Sai quante pagine riempirai con questo panorama?»

«A patto che tu scriva bene» si inseriva mia madre.

Scrivere bene, per lei, aveva il valore di una vocazione. Non era necessario contare i mesi di scuola, ma il numero di pagine che avrei riempito: quanti quaderni ci vogliono fino alla prossima estate? Dieci, venti se scappava l'inchiostro, e venti cominciava a essere una cifra irraggiungibile.

«Nemmeno se andassi sulla Luna servirebbero così tanti» azzardava mio padre, «però prendiamone una scorta. Non si sa mai.»

L'anno scolastico entrava con il pensiero di un viaggio astronomico nel buio dell'universo, orientato dallo stemma dei quaderni Pigna: un'avventura di missili, satelliti, pianeti. Però non avevo il coraggio di usarli, erano così aggraziati da non volerli mai sporcare. Li mettevo da parte, in una pila alta alta, e per quella strana regola che ti porta ad aspettare tempi migliori restavano intatti, senza che un rigo venisse toccato dall'inchiostro. Quando fu il momento di andare a Milano, mio padre me li presentò mentre preparavo le valigie.

«Questi non ti servono più» disse. «Non si scrive sui quaderni quando si studia all'università.»

Li trasferì sulla sua scrivania, ma anche lui non ne fece grande uso. Li tenne per contemplarli, pensando a chissà quali parole avrei potuto scriverci.

I pomeriggi sedevo al banchetto non per leggere, ma per ammirare lo spicchio di cielo dai vetri del balcone. Era stretto e rettangolare, poco più di una striscia attraverso cui mio padre indovinava le rondini che ci salutavano prima dell'inverno o le stelle che venivano ad affacciarsi nelle notti. Non so se fosse proprio quello l'esercizio adatto a capire il passaggio dei giorni, come chiedeva mia madre, ma lui riusciva sempre a trovare i puntini che gli esperti chiamavano Cintura di Orione e che per noi erano Tre Re.

«Sicuro vanno a Betlemme» insinuava mio padre.

Parlava da astronomo quando si avvicinava Natale, non più da illuminista. Se ho creduto al mito dei re magi, se ho pensato per anni al loro viaggiare notturno, all'inseguire le rotte che non obbedivano alle segnaletiche della terra ma a quelle del cielo, lo devo a lui, non solo per le stelle che mi chiedeva di guardare, ma per le confezioni di datteri chiusi nel polistirolo bianco, di forma ovale, disposti a spina di pesce e coperti di pellicola. Era lui che usciva a procurarseli il tardo pomeriggio del giorno di San Silvestro e poi, una volta tornato a casa, andava a nasconderli negli angoli più remoti, sopra le mensole, forse addirittura tra i fogli della scrivania, per tirarli fuori quando mancava un niente all'attimo fatale in cui il mondo saliva di un gradino nella corsa vertiginosa verso la fine: meno dieci, meno nove, meno otto...

In televisione partiva il conto alla rovescia e i datteri comparivano sulla tavola per rendere più agevole il salto. Era come se ci accompagnassero per mano nella svagatezza di un tempo che finiva e a cui invano avremmo cercato di aggrapparci. I minuti scivolavano dentro le clessidre delle nostre esistenze, niente più sarebbe stato come prima e i datteri ci portavano un po' della malinconia che si addiceva alla lontananza della loro origine.

La civiltà, di cui la mia casa si sentiva parte, spalancava le porte alla natura selvatica di quei frutti, confermava i legami con il miracolo che girava nell'aria, fra le costellazioni, i camini, i tetti, e si nutriva della polvere dei libri da cui sorgeva la sapienza di mio padre. Io non capivo quale attinenza ci fosse tra i datteri e il suo bugigattolo, però il segreto era nascosto tra le pagine ammonticchiate dall'altra parte del muro, dove mio padre passava il tempo a mettere ordine nei suoi tormenti di uomo. E mentre il conto alla rovescia si avvicinava alla mezzanotte, ripetevo a bassa voce le parole che risalivano alla scuola di Marotta: «*Ma fin sui tetti ho gente: attendono la stella. Son negromanti, magi persiani, egizi, greci...*»

I datteri erano apparecchiati sul tavolo, pronti per essere mangiati non appena avessimo varcato il Capodanno, e io immaginavo quanti scienziati si fossero arrampicati sopra i tetti pur di raccogliere notizie, contavo uno per uno negromanti, persiani, egizi, greci, tutti appollaiati dietro gli strumenti ottici per calcolare l'ampiezza della Via Lattea. Stavano lì, con la faccia all'insù, in attesa di un segno. Se si fosse trovato in mezzo a loro, mio padre avrebbe tolto la pellicola che copriva le confezioni e si sarebbe messo a distribuire datteri, dicendo a tutti che mancava poco alla mezzanotte e che adesso i cieli erano finalmente pronti.

Mia madre aveva l'abitudine di sorvegliare il tratto di inchiostro che gli alunni – me compreso – lasciavano sui quaderni. Bastava una sua smorfia per capire se la mano correva esatta nel rigo o se faticava a seguire le linee che il suo sentimento di perfezione esigeva. Una sbavatura, uno sgorbio, era come aver commesso peccato: per rimediare non sarebbe bastata una quaresima.

All'inizio delle elementari avevo una grafia limpida e tondeggiante, poi qualcosa aveva modificato le oscillazioni della Bic sulla carta, qualcosa che significava una virtù perduta, e da quel momento scrivere per me è stato come tracciare elettrocardiogrammi. Lei me lo faceva notare nelle espressioni di disappunto, nei rimproveri camuffati da consigli.

«Prima avevi la mano di Giotto pittore, cosa ti è successo Dio solo lo sa.»

La mano di Giotto pittore era la punta estrema da cui mi ero allontanato e, a quanto pareva, per sempre. La scrittura a mano non si addiceva a me: non avevo mai creduto fino in fondo al sesto dito, la Bic continuava a essere un'intrusa. Cercai salvezza nella macchina da scrivere. Mio padre non possedeva un'Olivetti, ma un'Olympia con la scocca di metallo color caffellatte, i tasti marrone e la custodia di plastica con la zip, che mia sorella usava come rifugio per le sue bambole. Ci misi poco a familiarizzare con i tasti e la migliore combinazione ritmica me la dava il termine "Austria". Le dita volavano da una fila all'altra e la sequenza produceva un ritornello dal suono mirabile.

Ciò che scriviamo dipende dalla geografia perché solo a Vienna, mi dicevo, solo a Vienna si ascoltano le musiche di quei valzer che volano sull'acqua del Danubio. L'accostarsi delle lettere una vicina all'altra assomigliava ai ghirigori tracciati da un invisibile direttore d'orchestra.

Ormai battevo speditamente sui tasti dell'Olympia e lo facevo con una tale frequenza che mio padre fu costretto a comprare un'Olivetti color petrolio, una macchina di ambiziosa robustezza, con i tasti sollevati come trespoli e, sulla scocca, la spirale quadrata disegnata da Nizzoli. Tra le due preferivo l'Olympia, che aveva un colore caldo e mattutino rispetto al verde mare tenebroso dell'Olivetti. E infatti me la portai a Milano per scriverci le parole che mi avrebbe regalato quella città. La usai qualche anno, il tempo delle pagine giovanili, poi mi feci convincere da un ragionamento: a Milano ci vuole una macchina adatta alla pianura, non una d'Appennino. Entrai in un negozio di viale Premuda e comprai un'elettronica grigio-azzurrina, un colore riposante, quasi carnevalesco per il rullo giallo canarino, ma dotato di un sistema tecnico che ti permetteva di tornare indietro, cancellare l'errore con un nastrino bianco e ribatterci sopra. Pensai: finalmente uno strumento per rimediare ai peccati che mia madre mi rimproverava quando vedeva la mia grafia a elettrocardiogramma.

Le mattine a scuola sapevano di un'innocenza ritrovata, come se la luce che entrava dai vetri avesse il potere di spazzare via il peso del sonno notturno. Mia madre e mio padre univano le classi in una stessa aula e cominciavano uno strano gioco di rimandi: un alunno si alzava e pronunciava un nome, un altro faceva altrettanto, poi un altro ancora, come tanti soldatini che rispondevano all'appello. Tutti i nomi, scritti alla lavagna, diventavano un nastro di tappe poetiche. Si comincia sempre dai nomi, ragionava mio padre rivolgendosi a mia madre, i nomi sono tutto.

Una mattina d'inverno, quando i tempi furono maturi, mio padre poggiò sulla cattedra una griglia divisa per caselle, piene di caratteri tipografici. Di fianco, su una specie di telaio in legno, c'era un rullo con i manici. Qualcosa di importante stava per accadere, ce lo diceva l'aria di attesa che si vedeva negli occhi dei miei genitori maestri e gli alunni l'avevano afferrato. L'iniziativa era concertata da tempo, questo si capiva perfettamente, entrambi avevano aspettato il momento favorevole per realizzare il sogno di una scuola senza cattedra, come diceva il grande Gelpi. Mio padre scrisse alla lavagna la parola "neve", poi prese la lettera *n* tra i piombi delle caselle, la fissò in un punto del telaio, scelse la *e*, gliela mise di fianco, così fece con la *v* e di nuovo con la *e*. Formò un rigo, un secondo rigo, un terzo. Da ultimo passò il pennello imbevuto d'inchiostro, poggiò un foglio bianco e fece scivolare il rullo spingendolo dai manici.

«La nostra mano scrive una sola volta» disse mostrando a tutti la pagina uscita da sotto il rullo, «con questa tipografia invece possiamo moltiplicare le pagine all'infinito.»

Fuori cominciava davvero a nevicare e forse quel che accadeva al di là dei vetri contribuì a rendere l'esibizione tipografica una festosa combinazione di segni. Da quel momento in poi scrivere per me significò inventare i giorni.

8

Prove televisive di sconfinamento

Terminai gli anni alle elementari con il rammarico di non aver completato la lettura del dizionario. Il Palazzi continuava a rimanere in bella vista sul tavolo del soggiorno, non per la Fiera del Levante, ma per far fronte alle richieste di zio Gildo, che mi trovai seduto in cattedra, come professore di italiano alle scuole medie. Con lui avevo un passato di troppi ricordi da smaltire, legati a quel cifrario di bussate, altolà/altoqua, prima che si sposasse. Sentire la sua voce dottorale, che riempiva di spiegazioni l'aula, significò mettere da parte il nostro strambo alfabeto e introdursi in un altro, più ortodosso e grammaticale. Zio Gildo parlava di sostantivi quasi fossero soldatini da disporre su un campo di battaglia: assumeva la fisionomia di uno stratega alla vigilia di antiche battaglie, uno come Temistocle, Leonida, Alcibiade, che trattava le parole con la scolpita durezza delle armi.

L'ordine che pretendeva di impartirmi nel linguaggio con le sue astuzie militaresche si stemperava nei pomeriggi, in quella specie di svagatezza geografica che mi capitava mentre guardavo la tv a casa dei nonni paterni. Prima ancora che un trasferimento, viaggiare per me fu un'evasione televisiva, una specie di parentesi che si apriva quando all'improvviso spariva il programma in onda, in sottofondo partiva la musica degli intervalli Rai e il televisore si riempiva di pecore al pascolo. Al loro apparire, sul crinale delle colline, spalancavano un orizzonte fatto di cartoline in bianco e nero: paesi, campanili, palazzi, monumenti, paesaggi, a cui bastava l'andirivieni malinconico dell'arpa per sentirsi dentro la soglia dei ricordi. L'Italia era ancora una nazione di pastori e una terra di campanili, questo mi veniva in mente quando cominciava il ritornello, e io aspettavo di diventare adulto per percorrerla nei suoi segreti. Le pecore erano una vigilia di futuro, che la musica faceva diventare una scampagnata nell'erba.

Nonno dormiva di fianco alla stufa a kerosene, confidava anche lui nel tempo a venire, che non sarebbe stato così generoso ma che allora, nella quiete dei pomeriggi, era prodigo di promesse. Una di quelle volte comparve la foto dei trentatré ponti – un'opera a due passi da Atella, realizzata dall'Ente Acquedotto agli inizi del secolo – e io restai sorpreso nel constatare che l'arpa era arrivata a suonare anche là, su quel lungo serpente di archi e pietre, incuneato dentro una macchia di alberi. Non feci in tempo a svegliare nonno. Quando aprì gli occhi, le pecore erano scomparse.

«Che mi sono perso?» domandò.

«Hanno fatto vedere l'acquedotto.»

Nonno tornò a dormire cullato dal calore del tubo, si chiuse in un breve sonno e io pensai che a questo servivano gli intervalli Rai: a costruire un luogo morbido dove fermarsi ad aspettare il futuro.

Credo fossero gli anni in cui vestivamo maglioni a collo alto – mia madre li chiamava "alla ginopaoli" – e la sera seguivamo ammutoliti i cavalli dell'*Orlando furioso*. Erano sagome di cartone o di legno, adattate da Luca Ronconi a scivolare come treni su binari nelle stanze di un palazzo disadorno. In groppa montavano cavalieri dall'aspetto sconvolto e davanti a questo corteo svolazzava una donna dal carattere bizzarro. Tutti la inseguivano in una follia irraggiungibile, ciascuno con il desiderio di fermarla, dai più audaci ai meno fortunati nell'arte di fare la guerra, perduti dietro il sogno di una felicità che più continuavano a rincorrere e più comprendevano non appartenere a questa terra. Ricordo le parole suggerite da una voce fuori campo: «*La donna il palafreno a dietro volta...*» E ricordo mio padre che approvava, seduto sulla sedia: «Quando ho letto il nome di Sanguineti, me lo immaginavo proprio così questo inseguimento.»

Parlava anche allora senza mai essere troppo esplicito. All'epoca in cui studiava all'università di Salerno, aveva sostenuto l'esame di letteratura con Edoardo Sanguineti, che condivideva con Ronconi l'idea di quell'*Orlando furioso*. Mio padre conservava i libri su cui aveva studiato e li tirava fuori proprio mentre cominciava la corsa dei cavalieri sulle tracce di Angelica. Non si accontentava di mostrarli. Ci aggiungeva un particolare: «Quando faceva lezione, una sigaretta spegneva e un'altra ne accendeva.»

Sanguineti stava in piedi al centro dell'aula e aveva il vezzo di parlare con il mozzicone appeso alle labbra. Controllava la cicca in bocca e, non appena si consumava, ne estraeva dal pacchetto una nuova, la capovolgeva in maniera da far toccare le due estremità e procedeva con la sostituzione, in una catena infinita di fumo.

«Sanguineti fa con i cavalieri la stessa giostra che faceva in aula con le sigarette» diceva mio padre.

Io guardavo in tv gli uomini pazzi d'amore, sentivo le parole recitate con la furia del galoppo arrivare fino a me come una promessa: la vita era obbedire a un sogno e il sogno somigliava all'inseguimento dei cavalieri. Una gara frenetica per cercare gli strati imperfetti della memoria: prima il passato prossimo, poi il trapassato prossimo, infine il trapassato remoto, come un lenzuolo di nuvole sollevato da una mano invisibile.

Alla fine restava una specie di polvere che non erano stati gli zoccoli delle cavalcature a sollevare, ma la corsa del tempo, che il più piccolo movimento rendeva limacciosa come il fondo di un pozzo.

Negli anni in cui frequentavo la scuola media, mia sorella non era più la bimba con la nocca bianca che galleggiava oltre il piano del tavolo. Era diventata intraprendente, con le braccia cariche di bambole e l'aspetto vispo di chi si arrampicava sulle sedie. Usava i libri di mio padre e la macchina da scrivere a mo' di gradini con cui raggiungere gli scaffali pur di afferrare qualcosa di luccicante in alto, tra le carte. Ogni tanto si avvicinava a spiare i miei quaderni, dava un'occhiata distratta, poi tornava a dare retta alle bambole.

Il momento di maggiore intesa era quando stendevo il plaid a quadri sul pavimento del piccolo ingresso, che per noi si trasformava in una zattera sul mare. Lei ci saliva a bordo con un salto traballante, come se fosse davvero in balia dell'acqua, e si accucciava con le bambole, in attesa che la corrente ci portasse al largo. Il gioco del viaggiare era diventato un modo per avvicinarci. Io mi ero abituato alla sua presenza, anzi forse indirettamente ero io a cercarla, nonostante il ricordo del silenzio tornasse ogni tanto come una minaccia remota, una nuvola che sta all'orizzonte ma di cui non si conoscono i movimenti.

La casa dove abitavamo cominciavo a sentirla stretta, sacrificata e forse coincisero con quel tempo le prime avvisaglie di ciò che sarebbe diventato desiderio di fuga verso un altrove ancora senza nome, ma che era qualcosa di più rilevante, più serio del viaggio sul plaid a quadri con mia sorella. Questo altrove comparve all'improvviso, una domenica, a *Discoring*. Toccò ad Angelo Branduardi, in tuta da imbianchino, venirmelo a indicare: se avessi viaggiato verso est, diceva la sua voce, avrei incontrato una fiera dove si vendevano topi.

Da che parte si trovassero le bancarelle la canzone non lo specificava, ma Branduardi aveva una cadenza insistente, la mano scodinzolava svelta sulla chitarra e un Medioevo giullaresco, che fino ad allora era rimasto dimenticato nel sonno di un'infanzia mai vissuta, tornava ad affacciarsi nella cantilena di parole: «*E venne il cane, che morse il gatto, che si mangiò il topo...*»

Mio padre continuava a tossire e i medici, che lo mandavano da un ospedale all'altro, avevano deciso di operarlo alle tonsille. I problemi però non si erano risolti con l'intervento e io guardavo mia madre che aveva le guance scavate dalla preoccupazione. *Alla fiera dell'est* pareva l'annuncio di un mondo verde, come sarebbe potuto essere il prato su cui si estendeva il grande mercato di Branduardi. A colpirmi era l'ostinazione con cui venivano elencati gli animali: il topo, il gatto, il cane che un genitore aveva comprato a un figlio ignaro e meravigliato di un dono così inconsueto.

A un certo punto intervenne mio padre: «Questa la possiamo rivoltare a teatro per i nostri alunni. Che ne dici?»

Continuava a pensare alla scuola, nonostante la cattiva salute. Si rivolgeva a mia madre e indirettamente anche a me.

«Fin troppo facile» redarguì lei.

Alla fiera dell'est non diventò mai un copione teatrale, però mi aiutò a fissare una regola, diciamo anche il segreto che nella sua apparente semplicità sorregge il procedere di ogni storia. E che è questo: esiste un topo da comprare con due soldi e bisogna salvarlo dalla bocca del gatto, che a sua volta deve guardarsi le spalle dall'arrivo del cane. Ogni esistenza è dentro una catena di pericoli, i pericoli sono all'origine dei racconti e ogni racconto nasce a est, come il sole.

Quando sono partito per Milano, qualche anno dopo la canzone, il treno solcava la linea ferroviaria a un passo dal mare Adriatico e io mi affacciavo al finestrino con la speranza di scoprire l'est dov'era la fiera. Fuori dai vetri sfilavano le stazioni di San Severo, Termoli, Pescara, Giulianova, San Benedetto del Tronto. Le bancarelle non le vedevo. O forse non ero bravo a cercarle. E il topolino che mio padre avrebbe dovuto comprare per due soldi io l'ho aspettato per anni.

All'inizio di un'estate passò il Giro d'Italia e io mi appassionai così tanto al carnevale di maglie da non perdermi le tappe successive, nei pomeriggi televisivi in bianco e nero. Quando il Giro arrivò sulle Dolomiti, la maglia rosa la indossava Knut Knudsen, un norvegese dalla faccia quadrata e silenziosa che la sera, in albergo, amava strimpellare canzoni malinconiche al pianoforte, mentre durante il giorno pedalava libero, andando incontro al bianco delle nuvole a pochi metri dalle cime. Cercavo di capire, spiando nel teleschermo, dove fosse Milano. Ero convinto che a qualche palmo di distanza rispetto al punto in cui Knudsen spingeva i pedali come stantuffi, si spalancasse la Lombardia che avevo visto tanti anni prima e che mi era rimasta impressa come una promessa per la vita. Doveva essere nella zona non inquadrata, proprio lì, mi dicevo, in mezzo alla pianura che avrà il coraggio di aspettarmi.

Le telecamere traballavano agli scossoni delle moto ed erano concentrate sulle biciclette che si arrampicavano nella luce opaca fino a sfiorare il cielo gonfio di acqua. Sotto le nuvole, in quella scala di grigi che variava in base alla lontananza, vedevo disegnarsi il profilo dei miei anni a venire e per la prima volta mi arrivavano i nomi di paesi la cui identità stava nel chiaro di una solitudine immacolata: Lorenzago di Cadore, Pieve di Cadore, Lozzo di Cadore. Il Cadore si offriva come memoria sbiadita. Anche in questo aveva ragione mia madre: solo quando avessi dimenticato tutto, quando alla parola "Cadore" si fosse aggiunta la *n* di "candore" e fosse stata cancellata anche la più piccola delle mie scorie, avrei potuto raggiungere Milano, che in quel momento non vedevo, ma di cui percepivo il richiamo.

Questo intuivo durante la corsa. Avessi avuto una bicicletta leggera come quella di Knudsen, ci sarei arrivato come al termine di una mia personale gara. Però dovevo stare attento a non commettere l'errore che gli era costato il Giro: una curva presa male, la corsa finita prima del previsto. Knudsen non aveva calcolato che dietro ogni pietra poteva nascondersi l'inciampo e cadde al termine di una discesa leggendaria. La sua corsa terminò senza vittoria. Il giorno seguente rimase in albergo, con l'accappatoio addosso, a strimpellare al pianoforte con le lacrime agli occhi.

Sarà stato l'ultimo inverno trascorso nella casa vecchia, quando ormai tutto aveva smesso di funzionare (lo scaldabagno, le manopole della cucina a gas, i rubinetti del lavandino), come se la casa avesse capito che stava per arrivare il giorno del trasloco e volesse farci pagare lo sforzo di abbandonarla. Sarà stata la stagione in cui, terminando l'attesa di trasferirci in uno spazio più grande, finiva anche la vita spartana che ci aveva accompagnato negli inconvenienti tecnici, ma proprio quello fu il momento in cui, in tv, si manifestò il nome di Jack London, lo scrittore dei boschi e della neve.

A puntate trasmettevano *L'avventura del grande Nord*. Non ricordo bene l'ora, ma credo fosse già l'imbrunire quando scattava la sigla, *I Wanna Go*, cantata dalla voce nasale di Orso Maria Guerrini, e scorrevano le immagini di un mondo dove mi sarei trovato a mio agio. Distese imbiancate, file di cercatori d'oro, villaggi riscaldati da stufe, montagne: era questo il grande Nord, un continuo rincorrersi di slitte e cani che produceva nulla più di un gioco tra il cercare e il trovare, illudendosi di avere le mani piene d'oro quando invece restavano vuote, dentro quelle baracche malamente riscaldate, senza amore e senza perdono.

Questo io vedevo nei visi con le barbe che comparivano come fantasmi in mezzo ai cani. Jack London sembrava un uomo felice nel cappotto di pelliccia. Non gli importava trovare l'oro, piuttosto guardare per raccontare, cercare in un punto invisibile l'appiglio per arrampicarsi sulle montagne e aspettare il domani nelle albe di quell'umanità che lottava contro il freddo pur di accarezzare pietre e speranza, pietre e delusione, in una delle zone più desolate della terra. *I Wanna Go* cantava Orso Maria Guerrini e quasi mi convinceva il suo invito: *I wanna go*, vorrei andare, lasciami andare via.

Io non so se in questo titolo si nascondesse soltanto l'addio alla casa vecchia o se fossero già riconoscibili i primi segnali della rotta che mi avrebbe condotto a Milano. Però riconosco nella sigla di quella trasmissione una specie di richiamo, una voce affidabile, di cui mia madre nemmeno sospettava gli effetti.

«Bello il Klondike» dicevo io.

«Kondike?» ribatteva lei. «Non ti sono mai piaciuti i cani.»

Quell'inverno avevo anch'io il mio Klondike da esplorare e, non appena la chitarra accompagnava le prime immagini della trasmissione, mi sentivo uno di quei cercatori senza passato e senza futuro, immobile nell'eterno presente che era la neve. Presto avrei lasciato la casa vecchia. Era Jack London ad allontanarmi dai muri dov'ero nato e io non aspettavo altro che andarmene, sicuro di mettere fine a una delle mie preistorie. Magari non avrei avuto pepite nelle tasche, magari sarei arrivato male attrezzato all'appuntamento con il destino, ma allontanarmi dal mio passato poteva essere il mio oro. Mi sarebbe bastato per la vita.

9
Proiezioni ortogonali

Per quanto minuscola, la casa dove sono nato aveva il pregio di non essere mai noiosa e ripetitiva, non aveva mobili in eccedenza o ambienti che parevano doppioni. Era essenziale, ma questo, anziché rivelarsi un vantaggio, dava un aspetto di provvisorietà al vivere: dovevamo andarcene quanto prima per trovare una sistemazione più definitiva. Io e mia sorella ce la immaginavamo, questa sistemazione definitiva, e la disegnavamo sui fogli degli album: una stanza da letto per i nostri genitori, una stanzetta per lei e una per me, uno studio zeppo di libri per mio padre, una cucina con i pensili per mia madre, un camino con il fuoco acceso in soggiorno, un enorme tavolo dove organizzare il pranzo domenicale. I disegni finivano nelle mani dei nostri genitori che guardavano e approvavano, sorridevano, raccoglievano le richieste, ma non decidevano mai in quale data chiudere gli scatoloni. L'unica certezza era che un giorno, chissà quando, ci saremmo trasferiti.

Un po' mi dispiaceva perché io, la casa vecchia, sapevo di non poterla cancellare, anzi le ero così legato da chiudere gli occhi e disegnare a memoria l'orizzonte davanti al balcone: un fontanino di ghisa, due spicchi laterali di case, un orto con muretto, un'abitazione a forma di cubo con l'ingresso ad arco, qualche antenna che si allungava verso le nuvole e poi ringhiere e tegole, tegole e ringhiere. Una parte di me voleva rimanere, l'altra scappare, e sarà stata questa condizione ad aver generato un'aria di perenne incertezza.

I miei genitori lo ripetevano: «L'anno che viene trascorreremo Natale nella casa nuova.»

I loro annunci rendevano inutile sostituire i mobili vecchi o cambiare gli elettrodomestici. Arrivato il giorno del trasloco, allora sì che avremmo dovuto riempire le stanze come avevamo sognato. L'attesa durò fino ai sedici anni per me, ai dodici per mia sorella, e devo dire che alla fine avevamo quasi smesso di crederci perché il tempo passava, io e lei uscivamo dall'infanzia e il desiderio di avere uno spazio tutto nostro era un discorso da affrontare durante le cene in famiglia.

«Dove sarà questa casa nuova?» chiedevamo.

Mio padre, per rispondere, alzava il braccio a indicare un luogo da stabilire e mia madre sospirava pensando agli scatoloni che avremmo riempito. Anche i miei genitori aspettavano quel giorno con una ricchezza di particolari tanto puntigliosa che ogni abitazione non sembrava mai essere quella giusta.

«Questa non è *solarina*» diceva mio padre. «Quest'altra è a *mancuso* ed è in faccia alla montagna. Non conviene.»

"Solarina" e "mancuso" erano termini dissuasivi del linguaggio urbanistico di mio padre. Non sapevamo ancora da quali mani da muratore sarebbe dovuta uscire questa benedetta abitazione. L'importante era crederci: da qualche parte c'era, doveva soltanto essere raggiunta. Poi arrivò davvero il giorno in cui traslocare, ma ci parve un gran carnevale perché generò un guazzabuglio di valigie, elettrodomestici e tutti, a partire da mio padre, non sapevamo dove mettere i piedi per evitare di cadere.

"Un po' di sugo" era un'espressione che compariva sulla bocca di mia madre quando pensava alle spese da affrontare in vista della casa nuova. Il termine ricordava i giorni di fine agosto, quando per strada passavano i venditori di pomodori San Marzano: si compravano, si bollivano e si riducevano in polpa da immagazzinare in vista dell'inverno. La conserva di pomodoro era come i risparmi. Quando eravamo invitati a un matrimonio, mia madre diceva: «Con i regali gli sposi fanno un po' di sugo.» Perché il sugo, secondo lei, solo una volta nella vita lo si poteva raccogliere, quando uno si sposava, alla partenza.

Quando incontrai per la prima volta nei *Promessi sposi* la parola "sugo", frequentavo già l'università e pensai subito che mia madre avesse ragione: Manzoni parlava di sugo raccontando di matrimoni, anche se si riferiva a un altro tipo di pomodoro, quello dei fatti narrati, che sono il meglio di un libro, il suo frutto. Guarda un po' mia madre, dicevo tra me e me, il sugo l'ha preso in terra lombarda. A quanto pare, per lei la teoria del pomodoro non era finita il giorno del suo matrimonio, ma si era protratta almeno per gli anni della mia infanzia, perché io ricordo bene, quando dovevamo fare un passo, subito ci veniva in mente la casa che dovevamo comprare e dicevamo: «Più avanti, adesso pensiamo al sugo.»

Mia madre era preoccupata per il futuro, parlava come un muratore che ha a disposizione poche pietre e la casa che aveva in mente, quella per la quale dovevamo farci il sugo, non poteva somigliare nemmeno lontanamente a quella dei suoi progetti. Non a caso, quando si lamentava con mio padre perché riempiva lo studio di libri, diceva: «È questo il sugo che lasceremo ai figli.»

L'idea che i libri fossero una specie di sugo l'avrei capita molti anni dopo, nell'incontrare lo scrittore Raffaele Crovi che si divertiva a ripetere una filosofia tutta sua: «I libri sono cibo.» Hai visto mia madre, avrei continuato a dire tra me e me, pure stavolta ci ha azzeccato.

Quando tirava vento, era difficile dormire. Il tubo della stufa a kerosene fischiava, le tegole parevano sollevarsi, il tintinnio dei vetri dava tormento ai balconi. Sarebbe bastata una notte così per riassumere gli anni nella casa vecchia, a dimostrazione che la memoria non è forza di accumulo ma selezione anche solo di un'inezia, di una virgola, di un'ombra dentro un caos di ricordi destinati a finire in un trasloco tanto atteso.

Mia madre mi sentiva girare e voltare nel letto e ogni tanto dava voce a mio padre: «Dovevamo aggiustare gli infissi. Senti che concerto?»

«Manca poco» borbottava lui.

«Sì, ma nessuno dorme.»

Mio padre aveva la pazienza di alzarsi, strappare un lembo dai suoi fogli, piegarlo in quattro e infilarlo tra il vetro e l'infisso del balcone.

«Adesso potremo dormire.»

Per qualche minuto il tintinnio cessava, poi riprendeva.

Il vento aveva il potere di rubare il sonno e lo stare a occhi aperti mi costringeva a sentirmi come si era sentito Sinisgalli una quarantina d'anni prima, anche lui adolescente in una casa come la mia, vecchia di secoli e con le finestre maltrattate dagli spifferi. Lo raccontava in una poesia che mi tornava in mente proprio in quelle notti: «*Ricordo ancora i versi che scrissi alla pigra passiflora quando il cuore tremava al lamento notturno degli infissi.*»

Mi domandavo quanto fosse insonnolita la passiflora per meritare le attenzioni di un poeta infastidito dalle correnti d'aria. Io non avevo passiflore a cui scrivere versi, però sentivo ugualmente il lamento dei vetri e non mi addormentavo più. Tutto sarebbe cambiato trasferendosi nella casa nuova: con infissi migliori, pensavo, avrei fatto una tirata di sonno fino al mattino. Purtroppo non andò così perché furono i dubbi – restare o partire? – a farmi sentire il peso del tempo che poggiava i piedi sopra la mia testa, un peso da cui non sarei guarito mai più, come non si guarisce dai disturbi di una sciatica, dai dolori alle ossa, dallo starnutire quando fuori fa freddo.

Da quel che intuivamo io e mia sorella, mancava appena un inverno al trasloco. Da quando i muratori avevano innalzato le pareti laterali della casa nuova, mia madre non faceva che strappare fogli dai quaderni e tracciare linee: qui ci mettiamo il bagno, qui la nostra camera da letto, qui la stanzetta di nostra figlia e nostro figlio, qui lo studio. La casa che voleva lei aveva sempre qualcosa di troppo. Magari nel punto dove era prevista una finestra lei chiedeva una scala a chiocciola, là dove scendeva la colonna degli scarichi lei pensava di sistemare un armadio. I muratori negavano ogni variazione del progetto e lei ripeteva: «Che disdetta. Che disdetta.»

Era un'ossessione per lei realizzare questa casa a nostra misura. Solo quando per televisione trasmettevano *Paul e Virginie* allontanava le carte e sedeva sul divano. Gli occhi finivano nel piccolo schermo in bianco e nero, incollati ai due ragazzi che correvano sull'isola in una selvaggia libertà. Io non ricordo quale potere di persuasione avesse lo sceneggiato, ma so che un attimo dopo la sigla finale mia madre riprendeva a disegnare stanze e finestre, quadratino per quadratino, con la stessa pazienza con cui aveva cucito gli abiti di carta crespa sulle spalle degli alunni. Virginie verrà a trovarmi nei sogni quando dormirò nel letto della casa nuova: questo pensavo io. E l'attesa di dormire in quel letto faceva passare più in fretta il peso di quell'autunno.

A Natale la casa era quasi ultimata.

«Dopo le feste facciamo un sopralluogo e prendiamo le misure» programmava mio padre. Mia madre obbediva come una scolaretta, metteva da parte i fogli e le ambizioni planimetriche. Io sentivo che era arrivato il momento di chiudere i conti con il mondo che ci aveva ospitato, uscire da un'epoca per entrare in un'altra. Stavo in attesa. Studiavo le mosse di mia sorella che viveva nel timore di non poter salvare le sue bambole. Poi accade che Virginie mi appare in sogno la prima notte del nuovo anno in abito da sposa.

«Virginie» le dico. «Hai lasciato la tua isola per cercarmi nella vecchia Europa?» Virginie non risponde e non so se sono io il suo Paul. È il primo giorno di un anno che non avrei dimenticato. Trovo mia madre che ha ripreso in mano i quaderni, disegna una minuzia di particolari come se da un momento all'altro i muratori dovessero finalmente ubbidire alle linee che lei sta tracciando. Guai se sbaglieranno di un quadretto. Davvero si avvicina il momento in cui ce ne andremo e io mi sentirò come Paul sull'isola di Virginie. Dormirò e non sognerò, nella speranza che lei mi faccia visita. Ed è così che comincia l'ultima attesa. Scuola e attesa, nient'altro. Arriva il viaggio verso l'isola della casa nuova e io spero di trovare Virginie nella stanzetta, vestita da sposa.

Il trasloco avvenne a febbraio, un sabato pomeriggio, mentre il cielo aveva il colore della pelle arrossata dalla puntura di un insetto. Ci eravamo preparati da giorni. Mia madre non sapeva dove mettere gli occhi e cantilenava le sue raccomandazioni: «Non dimentichiamoci niente, non dimentichiamoci niente.» Ma lo diceva con un'inflessione che significava l'esatto contrario: lasciamo tutto, abbandoniamo le scorie e la ruggine, svegliamoci nuovi alla nuova alba.

Mia madre voleva che il passaggio fosse un rito di rifondazione, perciò arraffava come una ladra le buste di plastica, le scarpe incartate nei giornali, gli scatoloni di cartone con i piatti e le lenzuola. Non un minuto in più doveva essere speso nella casa vecchia, non un gesto di troppo o un attimo di indecisione. Nemmeno volle assistere quando zio Cecchino, suo fratello, si caricò in spalla il frigorifero Yuman e si avviò al furgoncino come una tartaruga appesantita dall'affanno.

I libri di mio padre si trovavano ormai da settimane nella nuova abitazione e forse molto altro ancora, come le macchine da scrivere e il comò della stanza da letto, eppure io faticavo a capacitarmi che una parte della nostra esistenza fosse già altrove, mentre la sua retroguardia galleggiava sopra un mare disorientato. Quel che ricordo fu la gran confusione di cartoni sul pavimento, un'immagine anomala per le nostre abitudini, e la furia di mia madre che evitava di incrociare gli occhi di mio padre, nonostante continuasse la litania: «Non dimentichiamoci niente. Non dimentichiamoci niente.»

Mio padre cercava di dare un ordine alla fuga, pareva indeciso verso quale punto cardinale muoversi e noi ce ne rendevamo conto dall'inerzia che gli bloccava le gambe, perché lasciare la casa vecchia significava gettarsi alle spalle il luogo dove erano nati lui e i suoi figli. Perciò fingeva di piegarsi sugli scatoloni e invece evitava di toccarli, tant'è che mia madre gli andava dietro e poggiava i piedi sulle stesse mattonelle, per verificare che tutto fosse come lei aveva organizzato.

«Io non ho dimenticato niente, tu no...» gli diceva.

Il furgoncino in strada sbuffava e pure zio Cecchino, dopo la fatica del frigorifero Yuman, si era seduto sui gradini ad aspettare.

«Scendiamo, scendiamo» ripeteva mia madre con le braccia occupate dalle buste.

Uscimmo in fila dalla porta, ma senza voltarci indietro, per non cadere nel tranello dei ripensamenti: prima mia sorella con le bambole, poi io, poi lei e per ultimo mio padre.

«I lampadari» disse lui, «ti sei scordata i lampadari.»

«Quelli li lasciamo alla pietà» rispose mia madre. E furono le ultime parole che pronunciò. *Li lasciamo alla pietà*: un'affermazione non raccolta da nessuno, nonostante proprio dal lampadario d'ottone fosse venuto l'annuncio di mia sorella e tutto quello che si portò dietro.

Il furgoncino partì sotto un cielo che sarebbe stato di neve se non avesse avuto il rossore delle nuvole. Noi lo seguivamo con l'auto, ma di quel viaggio – che forse non fu semplicemente un trasloco ma un salto di millenni – io non ricordo nulla, così come non ricordo le varie operazioni: scaricare gli scatoloni, sistemare le pentole nei mobili, poggiare i libri sui ripiani, organizzare una nuova vita dentro il perimetro di muri freschi intonacati. Quella sera mangiammo senza cucinare, qualcosa da consumare all'improvvisata. Mia madre intuì un che di anomalo tra noi, come se un'altra delle preistorie si fosse conclusa e disse: «Dovevamo prevederlo.» Dopodiché ognuno si ritirò nel proprio silenzio.

Io mi chiusi in camera, al buio, ma non accadde nulla di quel che mi ero aspettato: niente quiete, niente pace, solo incertezze. Il mattino successivo mi svegliò la radio sopra il davanzale della finestra in cucina. Usciva una voce straniera, morbida come velluto e oscillante come una bandiera: Kate Bush cantava *Wuthering Heights.*

Non so se sia stata una conseguenza del trasloco, ma cominciai ad appuntare frasi su pezzettini di carta. Prendevo un foglio, lo piegavo in quattro, lo tagliavo. Usavo una matita gialla, non la Parker 51. Mi pareva troppo scomodare la stilografica di mio padre. E poi l'inchiostro dava una sensazione di definitivo, di non cancellabile.

Quel che scrivevo non erano che frammenti di qualcosa a cui ancora adesso non saprei dare nome, appunti slabbrati, parole accostate fra loro senza alcuna pretesa se non quella di capire cos'era stato il tempo anteriore. Più non capivo e più scrivevo. Se tutto questo avesse un valore non voglio domandarmelo, ma era un modo per aspettare.

Accumulavo foglietti, li consegnavo a mia madre e lei si muniva dello stesso ago con cui acconciava i materassi, quando arrivava il periodo di lavare la lana: infilava lo spago nella cruna dell'ago, bucava i foglietti in cima, cuciva. Alla fine di quel complicato procedimento, nelle sue mani prendeva forma una specie di bloc-notes irregolare nei margini, da maneggiare con cautela per non rischiare di romperlo, ma in questa dimensione di fragilità mi specchiavo in quegli anni, a testimoniarmi una vita girandolare, che poi sarebbe stata quella che mi sono guadagnato.

Mia madre amava fare la sarta nei momenti liberi e, quando mia sorella glielo chiedeva, dalla Singer a pedali uscivano prendisole, gonne, scamiciate, grembiulini. Io le chiedevo: «Cosa cucirai per me?» I foglietti tenuti insieme con lo spago sono stati l'unica concessione che ho ricevuto dalla sua abilità nell'uso di spolette e forbici, il cordone ombelicale che ancora mi legava a lei. Quando fu il momento di andarmene a Milano, li infilai in una tasca nascosta della valigia. In collegio li tenni in fondo a un cassetto con la ribalta, insieme ai biglietti del metrò con cui mi spostavo da un capo all'altro della città. Viaggiare con i mezzi pubblici e scrivere parole sui bloc-notes realizzati da mia madre sarebbe stato come segnare, tappa dopo tappa, il mio passaggio in terra lombarda.

10

Teorema dell'Occidente

Casa nuova significò spalancare la vita all'Occidente, che era esattamente di fronte alle finestre, come un substrato sonnolento, tanto che se io dovessi cercarne l'esistenza – qualcosa rimasto al fondo di una memoria stratificata, una specie di età anteriore, anche se dai legami evanescenti – non penserei al mio paese, alla conformazione delle case e delle strade, all'affaccio sulla valle. Penserei piuttosto a un asse geografico che ci congiungeva a Roma non seguendo il corridoio tirrenico, da Napoli verso nord, ma la variante appenninica. Questa variante passava da Grottaminarda, che era il luogo in cui abitava zia Lina, la sorella di mia madre, andata in sposa a zio Antonio, occhialuto e intellettuale, originario di quell'Irpinia dove i tralci dell'uva si maritavano con gli olmi, come li descriveva Virgilio nell'*Eneide* e come effettivamente verificavo ogni volta che la nostra automobile si inerpicava da quelle parti.

Grottaminarda era l'ultima propaggine di una mappa contraddittoria: avvertiva la lentezza dell'entroterra, ma aveva fretta di consegnarsi alla radice linguistica che forse le era più familiare, a quei territori dove la strada diretta alla capitale incontrava Mirabella Eclano, Benevento, fino a Campobasso, Isernia, Cassino. Grottaminarda attestava l'esistenza di un'alternativa nelle direttrici della vita, dava la sensazione di immettersi in un atlante composto da non si sa quante pagine appenniniche, che poi degradavano verso i pini e gli acquedotti del suburbio romano, cresciuti lungo la Tuscolana e la Casilina. Il nostro viaggio era un bussare alla porta di una civiltà che trasmetteva un'aria imponente e vittoriosa. Lo diceva anche mio padre: «Per qualche giorno respiriamo la Storia.»

Roma era lì, ad attenderci, e dichiarava la sua presenza attraverso le abitudini rabdomantiche di zio Antonio, che era un cultore di pietre rinvenute sottoterra, monete arrugginite, statuette di terracotta che raffiguravano donne dalle forme arrotondate, divinità dal fragile destino e ruvide nella parlata, finite poi in una vetrinetta, a dare un'immagine di solennità a un orizzonte condizionato dal silenzio che regolava le stagioni.

Prima di sposarsi, zio Antonio era andato a cercare un fratello che si era perduto a Francoforte, in Germania. Non si sa come, l'aveva trovato seduto su una panchina della stazione ferroviaria, con la faccia tra le mani. Questo racconto aveva i contorni dell'impresa. Se anche lui non si era perso, pensavo, se aveva trovato la strada per tornare con il fratello era stato grazie al suo amore per i libri polverosi, per le monete, le statuette, le lapidi che giacevano nel sottosuolo della terra e i cui fili invisibili tenevano in ordine il tempo. La vetrinetta di zio Antonio era il riassunto di un'epoca indecifrabile, un avamposto da cui si partiva per attraversare l'Irpinia, il Sannio, il Matese, fino a quell'intercapedine che era ancora Lazio e non più Campania, una terra di mezzo, nel silenzio fertile dei mattini.

I viaggi verso Roma avevano sempre qualcosa di straniante. Gli occhi si chiudevano in un sonno che nascondeva il passaggio nelle terre ausonie e poi in quelle ciociare, un passaggio che avveniva alla frontiera del giorno, tra il brulicare del buio e la prima luce dietro la parete dei monti Ernici. Quando ripartivamo per tornare nel nostro Appennino, avevamo sempre fretta di dimenticare gli acquedotti romani e raggiungere il bivio di Caianello.

L'auto faceva all'incontrario il percorso verso il Sannio e l'Irpinia, in quella cartolina di campagne frastagliate e masserie nascoste fra gli alberi che parevano le subordinate di un lungo romanzo. Oltrepassato il fiume Ufita, cominciava la corsa sotto Aquilonia e il vento spingeva verso le nostre montagne. La Storia rimaneva a Roma o nella vetrinetta di zio Antonio. L'Occidente iniziava a mandarmi i suoi richiami e io non me ne accorgevo.

Per farmi un'idea del confine vespertino – qualcosa che avevo intravisto dalla finestra del bugigattolo di mio padre, alla casa vecchia, l'inverno del vino cotto nella neve – dovevo affacciarmi al balcone sulla valle e ritrovare il segmento di alberi, curve, salite, altopiani che partivano da monte Pierno e monte Santa Croce fino al bosco della Civita. Da quei luoghi venivano gli alunni della pluriclasse di Marotta: i Bagarozza, i Ricigliano, i Bochicchio. E da lì era arrivata a bussare alla masseria della nonna materna una donna a dorso di mula. Aveva paura di partorire nella Civita, chiedeva un letto in paese.

Mia madre sarebbe tornata più volte sul racconto di questa nascita e sempre con un po' di incredulità, perché la donna si era trattenuta una ventina di giorni alla masseria e poi, visto che il bimbo non era ancora nato, era tornata alla capanna. La Civita continuava anche allora a esercitare su di lei un'azione misteriosa, come se il fitto del bosco, che vedevamo dal balcone, restituisse l'immagine di un luogo inaccessibile, tant'è che, quando arrivò per me il giorno di salire a Milano, né lei né mio padre presero in considerazione l'ipotesi di lasciarmi avventurare in quell'itinerario geografico che seguiva la fiumara sotto la Civita, lambiva gli abitati di Ruvo del Monte e Rapone, toccava i canneti del fiume Ofanto e soltanto dopo un infinito zigzag sbucava nel letto del fiume Sele, dove si apriva la piana fino al mare di Napoli. Chiamiamolo via dell'acqua questo itinerario. L'altra, più facile, era la via ferroviaria, la via dell'Est, che da Rionero, Barile, Rapolla, Melfi, Leonessa, mi avrebbe fatto scendere verso le terre della marina pugliese.

Scelsi la linea del treno anziché quella dell'acqua, ma la Civita rimase ugualmente un punto cardinale della mia vita per le sue caratteristiche ombrose e cangianti. E nel suo essere una ruga verde solcata dai venti, nel tenero punteggiare di luci sulle cime, vedevo radunarsi i fantasmi di quel che all'epoca chiamavo futuro.

Il sole che calava dietro il confine vespertino ricordava la sigla di uno sceneggiato che la tv mandava in onda le domeniche del nostro primo anno a casa nuova. Anton Giulio Majano, il regista, lo aveva ricavato dal romanzo di Carlo Alianello, uno scrittore che mio padre aveva invitato ai tempi del Circolo La Torre. In casa giravano pochi racconti sull'arrivo di quest'uomo, ma persisteva un legame sotterraneo, perché il libro da cui era stato tratto lo sceneggiato, *L'eredità della Priora*, era uscito nello stesso anno in cui ero nato io e la breve sosta di Alianello a casa nostra aveva lasciato nei miei genitori un sentore di sciabole e polvere da sparo, una parvenza di guerre ottocentesche.

Il romanzo parlava dell'epoca gloriosa in cui era avvenuta l'unificazione italiana, ma era una storia tutt'altro che trionfale – eserciti contro briganti, nobili signori contro braccianti –, raccontata dalla parte di chi ne era uscito sconfitto.

«Alianello assomiglia a Manzoni» ripeteva mio padre mentre guardava lo sceneggiato. Credo si riferisse alla pietà che lo scrittore provava verso il popolo a cui appartenevamo tutti, in un salire e scendere di generazioni, che mio padre si illudeva di salvare con l'attività del Circolo La Torre. «Ce ne vorrà ancora prima che l'Illuminismo arrivi quaggiù.»

Io ricordo una vena di stanchezza nelle sue parole che avevano dimenticato la speranza degli anni giovanili. E ricordo anche l'occhio della cinepresa, che si congedava con un tramonto sospeso nel silenzio, il gran dio di tutto, il governatore della Storia. Finita la sigla, cominciava la notte e in sottofondo rimaneva come un'eco la voce di Eugenio Bennato che salutava le schioppette dei briganti facendosi accompagnare dalle chitarre dei Musicanova: «*Amo scitato chitarre e tamburi, pecché sta musica s'adda sunà...*»

L'Appennino ancora dormiva in un letargo. Noi non lo sapevamo, ma nelle sue viscere qualcosa si stava muovendo: non un semplice rivolgimento di magma e pietre, ma una ribellione, un urlo, un'insofferenza. Non saprei definirlo se non così – ribellione, urlo, insofferenza – quel che accadde il 23 novembre del 1980, come se l'Appennino avesse avvertito un'improvvisa fretta di svegliarsi, scuotersi dal sonno e mettersi a tremare: montagne, valli, paesi, monasteri, strade, ponti, tutto si trovò nella voragine di niente che furono i novanta secondi della scossa iniziale. Crollarono muri, si aprirono crepe nell'asfalto, caddero viadotti e la paura ci avvolse. Quando finirono i novanta secondi, quando il boato si calmò e fu chiaro chi era sopravvissuto e chi non ce l'aveva fatta, mio padre radunò la famiglia intorno al fuoco e disse con un tono che aveva perso la certezza pedagogica: «Ora che siamo salvi, si può raccontare.»

Quella sera, nel buio che era di morte e ci avvolgeva, finiva la preistoria di me ragazzo. All'alba del giorno successivo – un'alba che si apriva con il volo degli uccelli, di ritorno anche loro dai cieli in cui avevano scontato la paura – cominciava un'altra epoca.

Il terremoto fu un taglio nelle pietre e le pietre, disse mio padre, presero la forma della nostra anima. Io non so se le cose andarono davvero come le vedeva lui, ma più ci allontanavamo dal 23 novembre e più quella data diventò un confine oltre il quale iniziava un tempo sconosciuto. Gli incontri con gli intellettuali si interruppero, finirono le visite dei rappresentanti della Einaudi e della Garzanti, cessarono le corse alla tipografia dei fratelli Ottaviano. Mio padre ricorreva a una delle sue formule per spiegare tutto questo: «Dobbiamo inventarci un'altra vita.»

In quei giorni soltanto la voce di Barbra Streisand poteva guarire le ferite, limpida e inarrivabile come quando cantava *Woman in Love* e allungava le vocali in un filare di echi malinconici. Veniva dagli Stati Uniti quella voce, simile a un grido di soccorso lanciato sopra l'abisso. Noi eravamo dentro l'abisso che lei non vedeva, in una terra che improvvisamente era diventata ostile.

Barbra Streisand si udì nelle radio per tutto l'inverno e anche quando ricominciò il rito delle visite ai parenti, quando i muri dei paesi furono puntellati, le strade ricomposte e ridiventò facile percorrerle, anche allora la sua voce pareva estendersi ai contrafforti del confine vespertino e lassù, sospesa oltre le cime, oltre le curve di quel tempo senza memoria e senza addii, conservava la promessa di un'isola che Cristoforo Colombo, tanti secoli prima, aveva intuito guardando le stelle. L'Occidente che mi stava di fronte era un lungo nastro di luci sparse, puntini luminosi che sembravano pulsare da un'eternità non ancora realizzata. E dichiaravano, per cenni, la presenza di vite umane, famiglie, ricordi d'un tempo vissuto che chiedeva di restare in me, come accadde, senza smarrirsi.

Le immagini andavano e venivano mentre trasmettevano in tv *Paesaggio dopo la battaglia* di Andrzej Wajda ed erano un po' sbiadite, intermittenti, bisognava girare la manopola per metterle a fuoco. Ricordo la faccia del protagonista, un giovane soldato o forse uno studente, di cui non comprendevo quasi nulla se non il suo camminare nel silenzio di una guerra fallita. Vidi il film a un'ora tarda, con la paura che da un momento all'altro tornasse a tremare, e pensavo che anche il mio Appennino somigliava alla nazione a cui apparteneva Wajda: una Polonia umile e spaventata, dove pochi mesi prima del terremoto avevano sventolato le bandiere di Solidarność.

Io mi sentivo come nel film, alla fine di una battaglia che aveva lasciato me superstite ma non eroe, un albero senza più radici. Volevo fuggire dal luogo dov'ero nato, eppure qualcosa mi tratteneva, qualcosa che voglio chiamare pietà per la terra che calpestavo: un sentimento che non aveva nome e riguardava le strade, le case, i paesi, le famiglie nelle tendopoli.

Credo di essermi incuriosito a *Memorie del sottosuolo* per quel che era accaduto il 23 novembre, come se il sottosuolo del titolo fosse lo stesso che si era rivoltato, a ricordare che non esiste requie nemmeno laggiù, nelle viscere della terra. Dostoevskij scriveva di un luogo profondo e immaginario, dove scendere per incontrare i demoni, nelle ore di luce o al buio.

Mio padre aveva ricominciato con l'asma e nel pieno delle crisi cercava un filo d'aria che potesse concedergli la luce di un respiro. Quando si distendeva sul divano nel primo pomeriggio – e lo faceva come ai tempi della casa vecchia: seduto come sul predellino di un vagone ferroviario, con il giornale sistemato a mo' di tettoia sulla testa – slacciava il collo della camicia, allentava il nodo della cravatta e il sonno scendeva piano piano a ingrossargli il fiato, a fargli iniziare i rantoli. Pareva un treno a stantuffi.

Il libro di Dostoevskij giungeva a spiegarmi che il sottosuolo di mio padre era un concerto di fischi e affanni. C'erano troppi cespugli nei suoi polmoni e il vento che si impigliava dentro faticava a liberarsi da quella prigione di frasche. Il mio sottosuolo faceva meno rumore, ma era ugualmente in disordine e anch'io scoprivo di avere i demoni in quel che ero e che sarei diventato. Di sera, quando mi coricavo, restavo fermo nel letto, quel tanto che bastava per sentire il dolore della terra e non dimenticarlo più.

Diventai lettore non per accontentare mia madre, ma per riempire i buchi di quel sottosuolo in cui si nascondeva la paura di morire. Fu una scoperta che venne quasi da sé, senza forzature, ci trovai la risposta a quel che mio padre aveva pronunciato intorno al fuoco, dopo la prima scossa: «Ora che siamo salvi, si può raccontare.» Adesso si aggiungeva un'altra domanda: perché sopravvivere?

Mio padre mi vedeva aprire e chiudere libri con un'insaziabile frenesia e si rivolgeva a mia madre, incontrando soddisfazione sul suo volto: «Te lo dicevo io che gli alberi fioriscono a primavera.»

La primavera era arrivata e il liceo che frequentavo era ancora chiuso. Ovunque ci incontrassimo con parenti o amici, si ragionava sul numero dei morti, sul ritardo dei soccorsi, sul disagio dei senzatetto. Mai però sul destino di noi che tenevamo i piedi su una terra lacerata.

Perché sopravvivere?

Mi capitò in mano una copia di *Cristo si è fermato a Eboli*. Lo divorai in una notte, tra gli allarmi per le scosse di assestamento e lo scoppiettio del fuoco che a casa rimaneva sempre acceso. Quando terminai, cominciai a leggerlo daccapo. Lo imparai a memoria. Conoscevo geografia, personaggi, situazioni. Mi colpiva che un intellettuale venuto da una lontananza culturale, uno che aveva conosciuto Piero Gobetti, fosse rimasto abbagliato dall'enigma di una civiltà che il terremoto aveva spinto al suo epilogo.

Ogni tanto mio padre faceva capolino nella mia stanza: «Hai trovato la strada della tua libertà.» La strada della mia libertà era fatta di carta stampata.

Non avevo risposte per lui, ma più leggevo, più cresceva il desiderio di capire la terra da cui veniva la mia vita. Mio padre volle ancora una volta accontentarmi. Programmò un viaggio in auto nei paesi colpiti dal sisma e ci andammo io e lui, in silenzio, nell'area che gli esperti chiamavano cratere: Sant'Andrea di Conza, Lioni, Sant'Angelo dei Lombardi, Balvano, Pescopagano, Muro Lucano. Mentre osservavo luoghi e uomini, ripetevo quella frase in cui Levi chiamava la Lucania «terra oscura, senza peccato e senza redenzione, dove il male non è morale, ma è un dolore terrestre». Di quel dolore terrestre il terremoto mi aveva regalato un frammento che solo allora riuscivo a comprendere.

Non so se fu il fiato della morte, che alitava sulle nostre teste, o la misteriosa felicità di essere nell'elenco dei vivi, ma a partire da quell'inverno pensare al mio futuro fu come passeggiare su un infinito tappeto d'inchiostro.

11
I pomeriggi dell'addio

All'inizio dell'autunno venne a bussare un amico di mio padre con il biglietto di invito per le sue nozze. Non lo vedevamo da anni e per noi fu l'apparizione di un fantasma. Leonardo era uno dei volti che passava da casa nostra ai tempi del Circolo La Torre. L'impressione che diede, dopo essersi accomodato sul divano, fu quella di sempre: ombrosa e taciturna. Nessuno avrebbe immaginato per lui un futuro da marito, ma aveva la novità del biglietto tra le mani e pareva non aspettasse altro che affidarlo a noi. Di quel pomeriggio piovoso e felice mi sarei ricordato qualche anno più tardi e lo avrei scritto su uno dei foglietti cuciti da mia madre: «*L'amico vecchio viene a trovarci, saluta mio padre con l'anello al dito, con la mano che odora di confetti.*»

Leggevo *Il mio Carso* e mi sentivo triestino alla pari di Scipio Slataper e dei suoi compagni che morirono in guerra. Non conoscevo Trieste, ma qualcosa mi attirava verso la città adriatica, ancora adesso non saprei bene, però era un sentirsi vivo nella stretta di anni, quel passaggio che accade quando spunta la barba sulla faccia e la voce si fa quella di un uomo. Questo voleva dire per me essere triestino e, non appena l'amico di mio padre se ne andò, liberai dalla custodia la vecchia macchina da scrivere. Scelsi il nome Giani, come quello di Giani Stuparich, un altro dei giovani amici di Slataper, e cominciai a ticchettare la sua storia.

Cosa avessero in comune l'amico di mio padre e il gruppo di scrittori che vissero in attesa della guerra non mi risultava chiaro, ma il ragazzo che si chiamava Giani, il primo personaggio della mia avventura narrativa, era più o meno come me: voleva essere amato e quando usciva di casa, quando si rivolgeva a chi gli stava intorno, temeva di essere nel punto sbagliato del mondo. Certo, il mio Giani era un triestino nato sull'Appennino, intorno a lui non sorgevano i palazzi di una città accarezzata dal mare e battuta dalla bora, ma una civiltà di borghi pomeridiani, dove il ragazzo si mostrava poco espansivo e neppure così sicuro di diventare adulto. Aspettava e cercava, cosa non si sa, forse il futuro.

A un certo punto il racconto languiva in una palude di desideri e di vigilie: cosa voleva fare nella vita questo Giani mezzo adriatico e mezzo appenninico? Me lo chiedevo mentre battevo sui tasti in compagnia dei Matia Bazar che per radio cantavano *Solo tu*. Era il suono disinvolto del clarino a invocarmi il tu che il personaggio del racconto cercava di indovinare. Anche lui non conosceva né la voce, né il volto, eppure cominciava a immaginarne la fisionomia, in uno stato di allerta.

Mio padre ogni tanto si affacciava alla porta senza farsi notare. Ascoltava il ritmo, poi sussurrava a mia madre: «La terra ha dato i suoi frutti.»

Usava le stesse parole che erano dentro una poesia di Sinisgalli e la coincidenza non fu casuale perché durante le nozze del suo amico qualcuno lo avvertì che Sinisgalli si trovava in un ristorante a pochi chilometri di distanza. Lasciarono gli sposi e andarono in processione a rendergli omaggio, fu una festa dentro la festa e Sinisgalli fu felice di rivedere le facce del Circolo La Torre dopo tanti anni. Io non ero con loro e questo incontro mancato non fece che aumentare il rammarico di mio padre. Quando tornarono dal matrimonio, si affacciò sulla soglia della mia stanza: «Peccato tu non ci fossi. Sinisgalli ti avrebbe parlato delle sue muse.»

La Lucania aveva ancora fresche le piaghe del terremoto e non c'era speranza che desse frutti, almeno per me, sia pure avvizziti come sorbi, dal sapore malinconico. Dovevo andarmene anch'io.

Per decidere la sede universitaria, mio padre fece uno dei suoi discorsi poco lineari, un passo avanti e tre indietro, come avviene nei ghirigori dell'Appennino: disse che nella vita bisogna spendere i talenti, come sta scritto nella parabola, e che non si deve aver paura perché il futuro assomiglia alla fede, aggiunse, a quella che ordina alle montagne di muoversi. Ripeté un paio di volte il termine "parabola" da sembrare uscito dalla settimana di Pasqua. Invece era autunno, a ridosso dell'inizio dei corsi, in ritardo rispetto ai tempi in cui trovare la città che mi ospitasse. Quando glielo facevamo notare, non si scomponeva perché a casa nostra le decisioni non si prendevano mai in anticipo.

Io ascoltavo il suo parlare e non capivo. Anche mia madre ascoltava, ma capiva più di me e non si meravigliò quando sentì pronunciare la parola Milano: «Nostro figlio è bene raggiunga la soglia dell'Illuminismo.»

Mio padre aveva il chiodo di Milano in testa e si può dire che non avesse smesso di pensarci da quando avevamo attraversato il Po in treno, lui, mia madre e io, quel lontano mattino di nebbia. Questo chiodo piano piano lo aveva conficcato anche nella mia testa. Per esempio io dicevo: «Potrei andare a studiare a Napoli, certo. Bari, pure questa è una sede comoda. Mai come Firenze però: Firenze è una favola per esplorare il mondo delle lettere. Magari Urbino, è a metà strada rispetto a Milano.»

Parlavo anch'io come i ghirigori dell'Appennino, citavo ipotesi controverse, calcolavo la distanza delle diverse sedi, ma poi, volta e gira, finivo sempre lì, a Milano.

«Studiare lettere a Milano può essere una buona occasione» sentii dire a mio padre e fu anche la decisione che diede principio a quell'autunno.

Io, questo mondo delle lettere, me lo figuravo come un immenso tappeto di francobolli su cui gli scrittori camminavano con i bastoni, zoppicando, correndo, a quattro zampe come animali malati di sciatica. L'università doveva essere un enorme ufficio postale, perché da lì partivano e arrivavano queste benedette lettere, che poi in verità avevano la forma di libri di cui mio padre mostrava orgoglioso la sigla: «Questi sono pubblicati da *Vita e Pensiero*» diceva, «vengono dall'Università Cattolica dove io non sono potuto andare e dove vorrei andassi tu.»

Avevo sentito parlare poco di questa università, mio padre non la chiamava mai con il nome per esteso, ma soltanto Cattolica: doveva essere un luogo dove tutti pregano, così me la immaginavo. E ragionavo a voce alta: «Chissà quanti crocifissi ci saranno!»

Mio padre non era mai diretto nelle risposte.

«Ma quali crocifissi» sbottò. «La Cattolica è stata la cattedra dei professorini.»

Questa storia dei professorini mi perseguitò per tutto l'autunno. Non sapevo a quali nomi si riferisse di preciso, almeno fino a quando non mi mostrò una fotografia che tirò fuori da un cassetto: si vedeva una fila di ragazzi dai volti pensierosi, talmente magri da essere perennemente infreddoliti negli impermeabili. Erano loro i professorini: Dossetti, Lazzati, La Pira, Fanfani. Mio padre me li indicava uno per uno e diceva che erano cristiani, ma di un cristianesimo senza cappotto, cioè senza comodità.

«Sono per l'utopia» aggiunse. E io da quel giorno pensai

che il termine "utopia" avesse a che fare con l'impermeabile. Perciò me ne sono comprato uno, a Milano. Mio padre, se non era andato a studiare in Cattolica come avrebbe voluto, era perché non possedeva quel capo d'abbigliamento: ecco la spiegazione. Appena misi piede in università, cercai di appurare se era confermabile questa storia. Qualcuno che lo indossava c'era davvero. Vedevo sul libretto universitario la firma del rettore: Giuseppe Lazzati. È uno dei professorini, pensai, ha fatto carriera.

Quando si trattò di trovare il collegio, fu chiaro a tutti che indugiare ci avrebbe costretti a soluzioni di ripiego. In questo mio padre si sbagliava: Milano non era una città adatta a contemplatori come lui e il tanto vantato Illuminismo poco si addiceva alla liturgia con cui cominciava le telefonate ai vari pensionati presenti sulle Pagine Gialle, verificava la disponibilità dei posti, cercava informazioni sulla dislocazione topografica e sui costi della retta.

«Pieno occupato» spiegava appena riattaccava.

«Lo dicevo di muoverci prima» lo rimproverava mia madre che conosceva bene la sua flemma. «Dove starà nostro figlio?»

Era diventata la sua ossessione. Il ritardo dipendeva non da lei ma da mio padre, da quel suo guardare di sbieco con cui aveva cucito la ragnatela dei rapporti con noi quando doveva accompagnarci in stazione o arrivare a Potenza per rifornirci di quaderni o consultare un medico. Ce ne volle un po' prima di rendersi conto che era meglio andare di persona, però alla fine si decise. E così si fece: lui, mia madre e io, di nuovo in treno, insieme verso Milano, che apparve di primo mattino, toccata dalla luce che cresceva a oriente e lambiva i tetti. Doveva essere il momento in cui la città usciva dall'apatia della notte per ripetere i gesti di una monotona ferialità e si preparava a vivere nel fumo dei riscaldamenti, nei vetri che si spalancavano al sole, nelle code di macchine che sbuffavano agli incroci.

Era l'ottobre del 1981, Elias Canetti vinceva il premio Nobel per la letteratura e non fu soltanto una coincidenza che io avessi affrontato il viaggio con l'enigma di un suo titolo: *La lingua salvata*. Anche Canetti aveva vissuto il pericolo del silenzio?

Vedendole dal treno, le pubblicità dei liquori in cima ai palazzi brillavano al giorno che stava cominciando e in lontananza, mentre si susseguivano i casermoni, prendevano forma quelle strutture cilindriche di metallo che al loro apparire sembravano giostre in disuso. Più tardi, negli anni, sarebbero state le poesie di Alfonso Gatto a indicarmi il loro nome: gasometri. Li chiamava così nei versi dedicati alle periferie di Milano. E li aveva dipinti pure un suo amico, Gianfilippo Usellini, rivestiti di un telo plastificato, di colore verde, in un quadro del 1938.

Nello scompartimento distinguevo bene le facce incuriosite dei miei genitori. Mia madre era già sveglia e guardava i gasometri che spuntavano dai prati immediatamente prima degli scali ferroviari per i treni merci. Cercava qualcosa di familiare sui balconi occupati da gerani sotto il cellophane, stendibiancheria di plastica, tendoni intrecciati come serpenti, scarpiere. Quello era il mondo dove suo figlio stava per entrare: credo pensasse questo. E credo anche che si ricordasse delle parole che solo pochi giorni prima ci eravamo scambiati, io e lei, dopo che era stata data la notizia del Nobel a Canetti.

«Come fa uno a scrivere se non crede in Dio?» si domandava mia madre.

Ero stato io a parlarle di quest'autore. E so che era rimasta delusa, forse preoccupata e i pensieri confondevano il suo sguardo rispetto al viaggio che avevamo fatto nei giorni dell'infanzia. La Milano a cui stavamo approdando non era molto lontana da quella che raccontavano i telegiornali, grigia come il piombo e la nebbia, dove i giovani morivano in strada, sfilando nei cortei. Si può vivere senza Dio all'ombra dei gasometri: era questo il suo tormento. E la solitudine dei ponteggi arrugginiti proiettava una parvenza di esitazione al treno che avanzava verso i capannoni della stazione Centrale. Suo figlio entrava in una terra forestiera. Dio era rimasto a casa.

La Milano che io vidi per la seconda volta era trafitta dai primi spifferi di gelo, niente più che una sensazione con cui si annunciava l'inverno, anche se il sole conosceva la dolcezza dell'autunno e gli alberi erano carichi di foglie prossime al giallo. Mio padre non rispondeva ai rimproveri di mia madre – siamo stati lenti, ci siamo mossi tardi –, ma le informazioni che avevamo raccolto ci condussero dritti in un pensionato dalle parti del Naviglio Grande, a ridosso dell'Alzaia, in quella zona di confine dove la città riacquistava una memoria d'acqua: ponti di ferro battuto, parapetti arrugginiti, strade lastricate, binari dei tram lucidi di mattino e un'aria diffidente che metteva tristezza.

Il pensionato con cui mio padre si era messo in contatto era un enorme edificio intitolato a san Giuseppe Calasanzio, il santo spagnolo fondatore degli scolopi. Io non lo conoscevo e non lo conosceva nemmeno mia madre, che storpiò il cognome letto all'ingresso: «Colasanzio ti prenderà, Colasanzio ascolterà le nostre preghiere.»

Ci fecero accomodare in uno stanzone di mobili consumati e dissero di aspettare. L'umido saliva in cima alle pareti, si attaccava al legno delle finestre e mia madre non sapeva come riempire le ore del mattino se non indirizzando lo sguardo verso gli spigoli, l'arredo, i pavimenti. Non erano di suo gradimento, ma ripeteva ugualmente: «Colasanzio ce la deve fare questa grazia.»

«Calasanzio» correggeva mio padre, «non Colasanzio.»

«È uguale» diceva lei. Poi non aggiunse più nulla perché ci chiamarono a colloquio per mostrarci il refettorio, le scale, la sala studio. Finì per commuoversi quando incontrammo uno studente in una delle camere e riconobbe la mia fisionomia nella sagoma infreddolita di quel ragazzo, vide me nei panni umidi di Naviglio e provò pena per quel che sarei potuto essere io, in un'ora di solitudine, se mi fossi trovato a vivere lì. Se ne uscì con le lacrime agli occhi, discese per le scale e solo quando ci trovammo lontani dall'Alzaia disse: «Chissà se Colasanzio ci farà la grazia.»

Eravamo indecisi sulla direzione da prendere e cercavamo risposte allontanandoci quanto prima dall'odore di acqua stagnante. San Giuseppe Calasanzio, il santo invocato quel mattino d'autunno, non ascoltò le preghiere di mia madre e io non trascorsi gli anni universitari nelle stanze del pensionato che portava il suo nome. Una città crepuscolare avrei potuto conoscere se avessi abitato da quelle parti. Il vento dell'autunno invece mi spinse nella zona opposta, in quella Lambrate dove i santi non avevano acqua di Navigli su cui camminare. Milano mi avrebbe riservato un altro destino indirizzandomi nel quartiere di Città Studi. E fra le vetrate del Politecnico, sotto un cielo di assiomi e di teoremi, io avrei avvertito quel che significa la solitudine di chi è di fronte al Dio sconosciuto e non sa il nome con cui chiamarlo.

Mancava una manciata di giorni alla definitiva partenza, forse una settimana, forse due, e mia madre stirava e metteva da parte camicie, calzini, maglioni, sciarpe, guanti, fazzoletti. Però non si decideva a chiudere la valigia, quasi volesse che l'aria di casa si appiccicasse ai panni e rimanesse prigioniera dei tessuti fino al mio ritorno per Natale.

«Basteranno quattro camicie?» chiedeva a mio padre. Quattro camicie erano per lei un'unità di misura, una specie di regolazione del tempo. «Ricordiamoci i fazzoletti, ricordiamoci i calzini, ricordiamoci i fogli.»

Io fingevo di non ascoltare per non interrompere quel dialogo tra loro due, che era fatto di indumenti e che per un motivo inspiegabile mi ricordava le parole pronunciate da mia madre durante il trasferimento nella casa nuova: «Non dimentichiamoci niente, non dimentichiamoci niente.» Secondo lei, il mio andare a Milano assomigliava a un trasloco e io tornai a sentirmi in pericolo, come il bimbo di cui raccontava Canetti. La sua lingua si era salvata dalle forbici con cui aveva rischiato di essere tagliata, le sue parole non si erano perdute: questo a me importava. E questo mi restituiva la speranza che anch'io, come lui, avrei avuto una mia lingua da salvare, magari a costo di fuggire dal luogo dov'ero nato e di non tornarci più.

Le camicie, i calzini, i maglioni che mia madre accatastava di fianco alla valigia non ancora chiusa finirono per contagiare anche me, che passavo in ricognizione la casa nuova con lo sguardo inclemente di un altro addio. Guardavo le bambole di mia sorella, sedute una di fianco all'altra sul mobile della sua stanzetta. Guardavo lo studio di mio padre, che non era più il bugigattolo, ma un ambiente così largo da contenere perfino il mio vecchio divano-letto.

Mi preparavo a percorrere la dorsale adriatica come se il viaggio di una notte potesse somigliare al navigare di un profugo, con la casa perduta e la promessa di una nuova terra, eppure una strana euforia mi accompagnava nelle ore pomeridiane, quelle dell'attesa. Poi arrivò il momento di salire sul treno e nella concitazione dell'addio mio padre ebbe il tempo di dirmi: «Se il Novecento a cui apparteniamo avrà il futuro di essere ricordato, se tua madre e io avremo il futuro di essere ricordati, dipende da te.»

Si erano chiuse le porte e non riuscii a sentire più nulla. Fu un attimo, ma nelle parole che mio padre stava pronunciando, nel sorridere silenzioso a me che andavo via – e altro non era, quel gesto, se non amore dignitoso nel distacco –, proprio in quell'attimo era come se si spegnesse il secolo a cui appartenevamo tutti, io, la mia famiglia, l'Appennino dov'ero nato. Il giorno dopo, a Milano, il Novecento non esisteva più e io già ne sentivo la mancanza.

12

Il buio tra parentesi

Voglio circoscrivere nel paragone delle parentesi il viaggio notturno che mi portò a Milano. Una parentesi si era aperta alla partenza, un'altra si sarebbe chiusa quando il treno si fosse fermato sotto le arcate della stazione Centrale. Aprire e chiudere, cominciare e finire. In mezzo scorre il tempo.

Continuavo a pensare ai miei genitori e l'ultima immagine che conservavo di loro era mio padre interessato a cercare le stelle dei Tre Re mentre la campanella della stazione ci avvertiva del treno in arrivo da Potenza. «Aspetta che mi è parso di vederle» diceva mentre si sporgeva dalla banchina e voltava la testa a destra e a sinistra. «Un momento fa erano lassù e adesso sono sparite.» E indicava un punto nel cielo. «Strano che non siano lì.» Mia madre invece non si muoveva dall'angolo di marciapiede su cui si era fermata.

Cercai anch'io i Tre Re, non appena il treno si mosse. Volevo assicurarmi che fossero davanti a indicarmi la strada, come diceva mio padre, e io potessi vestire i panni del quarto re magio, quello aggiunto, che nessuno aveva mai visto ma tanti avevano raccontato. Non c'erano nuvole e quel gioco a nascondino con le stelle pareva fatto apposta per ricordarmi la voce napoletana dei Musicanova quando cantavano nell'ellepì dedicato ai briganti: «*Com'è longa 'a via ca porta a casa mia, stelle de lu cielo...»* Dopodiché le carrozze presero a scivolare lungo i saliscendi dell'Appennino, in una serie di curve e controcurve che finirono nella pianura di Capitanata. A Foggia terminò la corsa. Bisognava scendere e aspettare un altro treno, a lunga percorrenza.

Individuai finalmente i Tre Re in una zona di cielo inaspettata, inclinati quel tanto che bastava per indovinare il Nord. Nemmeno mio padre, se fosse stato lì con me, li avrebbe riconosciuti, anzi si sarebbe meravigliato che avessero tutt'altra fisionomia rispetto a come li ammiravamo da casa. Ma anche questo rientrava nei patti del mio viaggio, a dimostrazione che la vita era un continuo lacerarsi e ricomporsi, un mettere insieme i pezzi con ostinazione, sapendo di non poterci riuscire mai più.

Passai la notte a vegliare vicino al finestrino. Facevo il riepilogo delle paure che mi avevano accompagnato fino agli attimi prima di partire e solo in quel momento, a distacco avvenuto, fu chiaro che tutte le mie incertezze andavano a radunarsi in un preciso nome di persona: *anch'io sono come Carmine?* Avevo aspettato gli anni delle elementari, delle medie e del liceo prima di rivolgere quella domanda a mia madre, ma non ne avevo mai avuto il coraggio.

Carmine era entrato nella mia vita con il racconto della Sifcamina. Lavorava alla masseria dei nonni materni, governava le mucche e i vitelli, aiutava a tagliare l'erba medica, a chiuderla nel fienile. Nonno lo aveva preso a garzone in una fiera autunnale, dopo essersi accordato con il padre in cambio di denaro. Non avevo mai conosciuto i termini di quell'accordo, ma so che Carmine viveva in una stanzetta ricavata di fianco al magazzino della masseria, dove si conservavano gli attrezzi. Non parlava mai, non sorrideva mai, per quanto i nonni lo trattassero come un figlio e un giorno gli avessero comprato una camicia per la prima comunione, un paio di scarpe nuove, la medaglietta e il fiocco da appendere al braccio.

C'era un frate poeta tra gli intellettuali di passaggio a casa nostra. Si chiamava Bernardo Panella e fu lui, al termine di un convegno, ad accostare alla bocca di Carmine il pane bianco di Gesù. La messa fu celebrata quando i campi erano gialli e la luce del grano abbagliante. Frate Bernardo rimase colpito da questi colori e, dopo essersi tolto i paramenti di dosso, si mise a scrivere sopra un foglio: «*Porti i tuoi anni smarriti fra le stoppie e il tuo cuore, caldo uovo di rondine... Non suonano gli angeli più dei cori dei grilli... A lungo ricorderai questo giorno, fino alla volta del tuo domani come la chiave che tutti li regge...*»

Carmine scherzava con gli angeli che suonavano e con i grilli che cantavano: fu questa la visione di frate Bernardo. E la poesia scritta per lui la volle imparare a memoria, facendosela ripetere dagli intellettuali che gli stavano intorno. Ogni tanto la recitava sulla punta delle labbra. E tuttavia la sua sarebbe rimasta per sempre la faccia di un ragazzo contrattato in una fiera autunnale, una vita rubata a un'altra, almeno fino a quando non decise di salutare la masseria e andare a Zurigo per farsi assumere in fabbrica.

La sua storia tornava a riaffacciarsi la notte del viaggio a Milano, ma non avevo mia madre a cui domandare: «Avete preso anche me a una fiera autunnale?» Come Carmine, ero diretto a nord, senza angeli e senza grilli.

Mentre ero in treno, mi tornò il ricordo del mio silenzio. Il rumore meccanico non allontanava la minaccia, però aiutava ad attendere l'alba con il suo ritmo regolare, con quella specie di metrica che veniva dallo scivolare delle ruote sui binari. A destra avevo il mare Adriatico, che non era ancora diventato la frontiera dei popoli in fuga dai Balcani, e le cime innevate dell'Appennino, standogli di fronte, davano un alone d'innocenza allo scompartimento, indicavano che esisteva davvero un entroterra infreddolito e precario, una specie di paradiso adatto ai popoli di un'Italia minore.

In quel lembo di solitudine celebravo la mia Pasqua notturna, come se abbandonare alle mie spalle suoni, odori, gesti che appartenevano all'Appennino fosse una specie di salto verso un tempo migliore. Io non sapevo se la città che avrei trovato l'indomani potesse confermare le speranze di cui si erano nutriti i miei genitori. Né se fosse soltanto una fantasia la fiducia che riguardava loro due e il Novecento, compreso il privilegio di essere ricordati. Tutto pareva racchiudersi nel quadrato del finestrino, al di là del vetro oltre il quale in apparenza si scorgeva soltanto buio e dove invece, a guardare meglio, avrei potuto distinguere i saliscendi, i dirupi, i fiumi, i borghi, le curve, i varchi di quella terra che rappresentava il labirinto del mio passato.

Poi il cielo diventò chiaro. Ancora più a nord la pianura mi accolse placida e indifferente, nel disegno rettilineo dei pioppi lungo le rogge. L'Appennino non c'era più, a proteggermi le spalle come un padre.

13
Viaggio in una stanza

Le scale della stazione Centrale parevano la tastiera di una macchina da scrivere: grigie, regolari, larghe quel tanto per non inciampare. Anche il grande atrio aveva l'aspetto di un'Olivetti: non tanto di una Lettera 22, ma della monumentale Lexikon 80, la macchina dotata di un carrello più lungo della scocca, da cui Franco Fortini immaginò potesse uscire un uccellino cinguettante e chiese a Marcello Nizzoli di disegnarlo su un celebre manifesto pubblicitario. Attraversai l'atrio tutto d'un fiato, poi mi voltai per avere conferma: l'edificio era davvero una Lexikon di marmo. Mancava solo il foglio di carta nel carrello. Con un'architettura così mastodontica, mi dicevo, come si fa a non scrivere libri?

Zio Salvatore mi venne a prendere con la Ritmo bianca e, prima di mettere in moto, alzò il braccio per indicare alla nostra destra l'Hotel Gallia: un palazzo di balconi fioriti e tende blu, regolari come uniformi di soldati schierati per l'alzabandiera. Ci teneva a mostrarmelo perché là dentro – e ci metteva attenzione, come se ciò che stava per pronunciare ci introducesse in quell'anticamera di eleganza – là dentro si svolgevano le operazioni del calcio mercato.

Aveva giocato nei campionati regionali e disputato partite che in famiglia sarebbero state ricordate all'apice delle euforie estive, quando tutti raccontavano dello squadrone invidiabile dove lui, zio Salvatore, stava come un palo a centro difesa e, se era in vena, spazzava l'area con una sforbiciata. Il destino l'aveva fatto nascere in Lucania, ma la porzione di gloria l'aveva ottenuta quando era stato assegnato alla caserma di Orvieto per la leva militare. Là si addestravano i calciatori professionisti e gli era toccato marcare Trapattoni e Maldini nelle partitelle tra reclute.

Io ricordo le scarpette che conservava dopo averle pulite dal fango e ricordo anche la severità aggressiva del cuoio, la solitudine dei tacchetti, la tristezza delle cuciture usurate, tutti sentimenti che avrebbe voluto trasmettermi come un'eredità indiretta. La mia scelta universitaria è probabile che gli avesse fatto perdere le speranze, sicché la cautela con cui mi indicò l'Hotel Gallia, fu quasi il saluto d'addio a una vita da calciatore che lui avrebbe desiderato per me e che io invece stavo tradendo: lassù, sembrava volesse aggiungere tenendo il braccio alzato, in quelle stanze erano passati Trapattoni, Maldini e chissà quanti altri. Poi tutto era sfumato nell'evanescenza del tempo che poteva essere e non sarebbe mai stato.

Zio Salvatore mi accompagnò nella zona sud-ovest di Milano, dalla parte opposta rispetto a dove si trovava il collegio. Forse intendeva addolcire il mio arrivo mangiando insieme qualcosa a casa sua, rinviare a più tardi il distacco dal sangue di famiglia, di cui lui, in quel momento, si considerava l'ultimo rappresentante. Era mattina e c'era traffico sotto i tigli che fiancheggiavano i viali, ma persisteva l'impressione di una città che si sentiva a proprio agio in autunno, con la luce delle giornate corte, una fiammata che si spegne senza agonia.

Zio Salvatore non parlava, io nemmeno. Eravamo due isole, lui per carattere, io per l'imbarazzo. Era il più silenzioso dei fratelli di mio padre e io mi ero abituato alla sua presenza in estate, nei giorni agostani in cui scendeva per le ferie, quando il suo non sorridere mai, il suo essere una statua nel caldo della controra facevano di lui una persona infallibile, di una serietà enigmatica. Adesso, il mattino di quel novembre, fianco a fianco nella Ritmo, dovevamo costruire ponti fra noi attingendo a pietre e terra che non sapevamo dove trovare. Ricordo uno striscione colorato su cui era scritto: MIRÓ MILANO. Non conoscevo il pittore Juan Miró, ma il suono di quelle parole sembrava una filastrocca: Milano è una città da ammirare, dicevo tra me e me, allora ammiriamola nei tigli, nei semafori, nei viali che da Porta Romana curvavano verso la Darsena e il Naviglio Grande. L'acqua incanalata luccicava del tipico splendore autunnale che prometteva senza mantenere, un meccanismo ingannevole agli occhi come l'effetto di uno specchio.

Nemmeno al ritorno zio Salvatore parlò, mentre mi portava in collegio. Di nuovo il Naviglio, la Darsena, i giardini sopra i terrazzi e le facciate macchiate di smog che da Porta Romana si allungavano verso le circonvallazioni orientali. Lambrate appariva una baia di solitudine. Arrivati all'indirizzo del collegio, spense il motore e scese a prendere la valigia rimasta nel portabagagli. In silenzio suonai il campanello, in silenzio mi accompagnarono ai piedi di una scalinata e la moquette su cui camminavo mi restituì un odore inconfondibile e forestiero.

Quando varcai la soglia della cameretta, entrai in una specie di parentesi fra una vita lasciata e un'altra che mi stava davanti, ma ancora ravvolta in un orizzonte indefinibile. Non sarebbe stato facile prendere confidenza con la scrivania, il letto, l'armadio. Non avevo difese da opporre, se non fermare il tempo che invece doveva scorrere così com'era nei patti della creazione e, nel suo scorrere, mi avrebbe fatto attraversare la lunga parabola di silenzio che a mia insaputa, in altre forme rispetto alla mia infanzia, stava cominciando.

I primi freddi non erano che l'introduzione all'inverno e io cercavo di mettere insieme, sui bloc-notes cuciti da mia madre, le parole che non avevo fatto in tempo a pronunciare alla vigilia del mio arrivo e che ora già si confondevano con i nomi dei quartieri ascoltati per radio: il Giambellino, l'Ortica, la Comasina. Scrivere era un po' come fermare la corsa del mondo. Non ero venuto a Milano per dimenticare, questo mi era chiaro e lo dicevo anche ai miei genitori per telefono: «Sono venuto qui per ricordare.»

«Ricordare?» chiedeva mio padre. «Non per studiare?»

La domanda restava appesa al filo e il brulichio di qualche ombra silenziosa che entrava nelle conversazioni dava l'agio di rimandare il discorso alla chiamata successiva, sette giorni più tardi.

Me ne tornavo nella stanzetta a guardare i riverberi dei lampioni che salivano dai viali, in quella condizione di beatitudine che Sinisgalli aveva descritto in uno dei suoi libri più enigmatici: «*L'immobilità dello scriba è la sua libertà, la sua vittoria sul caos...*»

Io potevo essere lo scriba di cui parlava Sinisgalli e i primi tempi, fra quelle mura, quasi quasi desideravo esserlo. Mi ero mosso da una preistoria per chiudermi in un minuscolo punto della città a contare i giorni che mi separavano dal ritorno a casa. Forse mi sbagliavo, ma non sapevo fare altro o non potevo, per quel senso di inferiorità che mi procurava il mio accento appenninico rispetto alle inflessioni lombarde. Ed era il mio vangelo: non mescolarmi al tempo che correva di là dai vetri, resistere al di qua di una vita che non era più soltanto memoria, ma viali, voci forestiere, grattacieli, automobili.

Mi faceva compagnia l'*Anabasi* di Senofonte trovata nella biblioteca del collegio. La tenevo accanto a me, sul comodino, e la leggevo quando i rumori della sera erano cessati. Senofonte era stato uno dei comandanti chiamati a guidare i soldati persiani: dava ordini e li riceveva, ma quando camminava dietro le insegne aveva lo sguardo di un ragazzo che il destino aveva posto in mezzo a guarnigioni disperate, profezie errate, pericoli improvvisi, inciampi, fughe, ritorni. L'esercito di cui era a capo sembrava non obbedire più agli ordini di una spedizione militare, ma a un vagabondaggio inafferrabile e misterioso sopra gli altipiani dell'Anatolia. Non avevano da percorrere se non pochi chilometri, lasciare gli olivi del Mediterraneo e raggiungere le pietre della Cappadocia: possibile che si fossero fatti imbrogliare da rotte stravaganti?

Il libro cadeva in una stagione precisa della mia vita. Conoscevo ancora poco di Milano e cercavo la strada del ritorno verso casa, come i Persiani. Il sospetto che non si fossero persi a caso, che Senofonte avesse approfittato del buio per infilarsi in una delle rotte parallele che ognuno di noi sente di avere, fu come una rivelazione. Smarrire il tempo per guadagnare l'eternità: questo pensavo quando mi sentivo incapace di affrontare ciò che stava fuori dal collegio. Io non capivo in quale rotta parallela mi sarei potuto perdere, eppure una certezza ero riuscito a costruirmela: vivere non è trasferirsi sulla scacchiera del tempo, ma sognare di tornare a casa e, in attesa di farlo, girare il mondo.

Il 23 novembre, primo anniversario del terremoto, comprai il *Corriere della Sera* e trascorsi il pomeriggio a sfogliarlo. Mi chiedevo se qualcuno dei giornalisti si fosse ricordato di quel che era accaduto l'anno precedente. Trovai un solo articolo nella pagina della cronaca, ma dal tono distratto, come se si trattasse di una questione polverosa e ottocentesca, impossibile da risolvere, complici i ritardi nella ricostruzione, gli approvvigionamenti spariti, le roulotte malridotte, gli abiti della Caritas accaparrati da mani ignote.

Storie di questo genere avevano riempito di polemiche i mesi successivi alla scossa e ci avevano anche umiliati, noi che venivamo dalle zone del sisma, tanto che spesso, in collegio, di fronte a sguardi meravigliati, ero stato costretto a giustificare come mai indossassi una giacca a vento blu, la prima della mia vita, che mia madre aveva comprato in uno dei numerosi viaggi a Roma per la salute di mio padre.

«Bel piumino ti hanno dato» mi sentivo dire. E io a difendermi: «È stata mia madre, non la Caritas.»

Un anno dopo ripensavo ai morti, alle macerie. Ripensavo anche alle parole di mio padre: «Ora che siamo salvi, si può raccontare.» E le circostanze in cui le aveva pronunciate, i bagliori del fuoco intorno a cui ci eravamo riparati, l'aria invasa dalla polvere che veniva dai crolli.

Mio padre e io eravamo saliti in casa subito dopo la scossa iniziale e mia madre, giù dalla strada, dava indicazioni sulle coperte da prendere in attesa della notte, ma diceva di far presto – «muovetevi, muovetevi» gridava – perché da un momento all'altro sarebbe arrivata la replica. Il termine proprio non riuscivo a rimuoverlo: "replica", quella che fanno i direttori d'orchestra dopo un lungo applauso. Il pavimento, ricordo, era invaso da piatti frantumati e gerani capovolti, le stanze conservavano l'odore della paura che era stata un angelo tenebroso, dalle ali larghe e pesanti, poggiate sull'Appennino. Trovai la giacca a vento ancora avvolta nel cellophane: ci sarà un'altra occasione?

La sera del primo anniversario, nel collegio a Lambrate, quella giacca non me la tolsi di dosso. A luce spenta, in silenzio, aspettai l'ora in cui l'anno prima si erano fermate le lancette degli orologi: le 19.35. In una mano il *Corriere della Sera*, nell'altra il biglietto del metrò. Fu l'unica liturgia che potessi celebrare. Passò il minuto, passò la sera. Mi ritrovai con il biglietto della metropolitana. Lessi la data di convalida stampata sul retro: 23 novembre 1981. Erano trascorsi dodici mesi. I morti non erano tornati. Il buio era rimasto.

Le prime settimane il cielo si manteneva grigio, le nuvole non promettevano né neve né pioggia, solo freddo, e ogni tanto si infiammavano all'ora del tramonto. Aspettavo Natale ripetendo sette parole che erano diventate una specie di ritornello: «Natale è una festa fatta per tornare...» Anche a mio padre, quando ci sentivamo per telefono la domenica mattina, dicevo: «State tranquilli: Natale è una festa per tornare!»

La festa arrivò e finì. Io la trascorsi in famiglia e dopo una decina di giorni rientrai in collegio. La partenza fu come la prima volta. Biancheria preparata, valigia chiusa all'ultimo momento e mia madre che chiedeva: «Basteranno quattro camicie?»

Mio padre rispondeva a modo suo: «La terra darà i frutti.» Come la prima volta, il treno filava lungo le spiagge adriatiche, attraversava passaggi a livello che ancora luccicavano per gli addobbi natalizi. L'unica differenza stava nelle parole che mi tenevano compagnia, anch'esse l'inizio di qualcosa che non sapevo: «*Quando uccidono i porci, gli orti...*» Le pronunciavo con la medesima cadenza con cui nel viaggio di andata dicevo: «Natale è una festa fatta per tornare.»

Gennaio era il mese dei maiali sgozzati nelle masserie. Io me li ricordavo bene i giorni cruenti quando sull'aia dei nonni materni si disponevano gli attrezzi – corde, coltelli, mastelli, secchi, cucchiaie in legno – e intervenivano amici, parenti, gente esperta, chi a tirare il maiale dalla catena, chi a tenerlo per le zampe, chi a scannarlo. I grugniti si mescolavano agli ordini che davano i capimacellai e le donne si tenevano pronte con i recipienti per raccogliere il sangue. A lavoro compiuto, mentre insaccavano il salame, gli uomini arrostivano la carne e cominciava la festa.

Tutto avveniva secondo i riti di una liturgia pagana, che aveva resistito al trascorrere dei secoli e adesso, mentre viaggiavo di nuovo verso Milano, risaliva il corso del tempo fino a me. Probabilmente fu colpa dell'aria pungente di gennaio, ma era quella l'Italia a cui sentivo di appartenere: l'Italia umile e carnevalesca dei popoli che vissero un breve segmento di gloria – i lucani, gli osci, i sanniti, i volsci, forse anche gli etruschi – e poi dormirono il loro sonno sotto le coltri dell'Appennino.

Il mito di una Lombardia verticale, incoronata da vette innevate, cominciò a radicarsi mentre in collegio assistevo ai saluti delle comitive di sciatori in partenza per le piste, il fine settimana. Si davano voce con i cappucci di lana in testa, i maglioni a collo alto, le sciarpe e i guanti appallottolati nelle tasche. Si promettevano di rivedersi il lunedì successivo, per raccontarsi le imprese vissute nelle spianate di ghiaccio, in quel vocabolario di accenti gutturali e strascicati con cui parlavano.

L'immenso Nord, che io immaginavo durante i loro saluti, era una specie di promessa per un futuro di viaggi in quella Lombardia eternamente bianca per l'inverno, come la Russia nei libri di Puškin, Gogol', Dostoevskij. Il venerdì pomeriggio le camerette del collegio si svuotavano e per radio trasmettevano i bollettini meteo: Madonna di Campiglio, Chiesa in Val Malenco, Aprica, Piani di Bobbio, Passo del Tonale, Ponte di Legno.

L'importante non era partire, ma immaginare. Non andavo da nessuna parte, eppure mi muovevo dentro una tormenta di vento e fiocchi. Dove sarei sbucato alla fine di quei viaggi non l'ho mai capito, però mi rintanavo al tavolo della mia cameretta e tiravo fuori, dalla valigia, una piccola bussola di metallo che mi ero portato da casa. Aspettavo che si placassero le oscillazioni della lancetta, poi seguivo la rotta puntata verso nord, oltre i muri, oltre la finestra, e mi allungavo nel letto. Ripetevo: «*Per molto tempo mi sono coricato presto la sera.*» Mi pareva di non abitare in collegio, ma in un'Alta Italia che frequentavo in attesa del sonno.

14
Meccanica di periferia

Alla masseria della nonna materna svettavano due pioppi come pennacchi di carabinieri. Erano affusolati e senza un ramo fuori posto, fiorivano all'arrivo della primavera finché un po' di vento staccava i fiori, che erano diventati morbidi soffioni. Li chiamavamo "paplush", erano leggeri e già solo una loro carezza addomesticava il sonno. A maggio l'aia della masseria era invasa da quei coriandoli bianchi che davano un'atmosfera di carnevale e facevano impazzire i cani. Poi il vento cessava e cominciava la catena di starnuti: vaccari, ortolani, garzoni si contagiavano l'un l'altro tanto da costringere nonna ad aprire i cassetti del comò e distribuire fazzoletti da poggiare sul naso.

Io ricordo bene nonna, quando era in vena di scherzi, che li arrotolava a forma di colombi e riusciva a far alzare due ali che io e mia sorella dovevamo afferrare. Un giorno i pioppi si ammalarono a causa di uno sconosciuto parassita, non fiorirono più e furono abbattuti. Mia madre mi prese la mano mentre assisteva alle manovre dei falegnami armati di seghe e corde. Credo soffrisse, ma non disse niente. I pioppi caddero a terra con un tonfo, l'orizzonte cambiò. Non avremmo avuto mai più i paplush nell'aria e forse i cani furono le uniche creature a essere contente.

Quando a Milano arrivò la primavera, la prima del mio anno di matricola, i pioppi che crescevano intorno al collegio diedero l'impressione di una nevicata. Per giorni rimasi attaccato ai vetri della finestra, sospeso nei ricordi, a contare i paplush lombardi. La radio in sottofondo mi faceva compagnia e una sera, a tarda ora, sentii arrivare una voce calda e invecchiata che cominciò a recitare: «*Più mansueti erano i tuoi piedi dei colombi fatti per burla col panno bianco dei fazzoletti...*» Io non riuscii a riconoscere di chi fosse, ma so per certo che le aveva scritte Sinisgalli quelle parole. Anche lui aveva avuto un'infanzia di «*colombi fatti per burla*» e la coincidenza mi parve un segno misterioso del passato. Per caso infilai la mano in tasca e trovai il fazzoletto che mia madre raccomandava di portare sempre con me. Lo tirai fuori: non aveva la forma dei colombi, eppure odorava di camomilla, come quelli di nonna. Senza volerlo, camminavo a ritroso verso gli angoli di un'infanzia che non esisteva più.

Abitavo nella stessa zona dov'era vissuto Sinisgalli cinquant'anni prima, lui fresco di laurea in ingegneria, che cercava a Lambrate la scorciatoia più immediata per entrare nel gioco della modernità. Leggevo *Fiori pari fiori dispari*, che mi ero portato in valigia, in mezzo alle camicie piegate. Sinisgalli raccontava la sua vita «*al confine orientale della città*», che ormai era diventato anche il mio, e quando uscivo nei mattini di freddo, mi illudevo di trovare i luoghi finiti sulle pagine: via Teodosio, via Ponzio, via Ampère, via Archimede, via Padova. Le strade che percorrevo io erano quelle del libro. Le sue, quelle di Sinisgalli, appartenevano alla matematica della sua vita.

Cercavo in quell'esercizio di immedesimazione il momento in cui avessero risuonato le sirene della Lips Vago, nel tentativo di svegliarmi dall'infanzia che mi portavo dentro, esattamente come quelle stesse sirene avevano interrotto il sonno di Sinisgalli nelle mattine estive della sua giovinezza. Già il nome, Lips Vago, mi rendeva familiare il luogo perché così si chiamavano le scaffalature che io e mio padre avevamo montato pezzo dopo pezzo, l'autunno prima del terremoto.

«Ti ricordi dove abbiamo messo i libri?» gli chiedevo per telefono. «Sono scaffali fabbricati a Lambrate.»

Mio padre rispondeva per cenni, qualche esclamazione, ma si capiva quanto fosse contento perché ripeteva «Lips Vago» come buon augurio. Le sirene rimasero in forma di desiderio, però qualcosa faceva maturare in me la convinzione di vivere in parallelo con Sinisgalli. Lui con le sue parole mi avrebbe spinto verso le luci di altri quartieri – Monforte, San Babila, Porta Nuova, la grande Torre Velasca che aveva la forma di una scatola tutta occhi e finestre – fino a ritrovare l'acqua dei Navigli che mi avrebbe regalato il miracolo delle parole. La mia salvezza.

Credo di essermi affezionato a Lambrate per quel suo essere luogo di transito, a cerniera di un mondo che non era ancora urbanesimo ma nemmeno più campagna, odore di foglie marce e sbuffi di fuliggine. Ci arrivavo al termine delle mie notti in treno, quando non volevo lasciare lo scompartimento per conservare l'aria di casa nei vestiti e la luce del sole pareva non volesse mai sorgere, tanto era lenta e faticosa. Poi però bastava fare due passi fuori dalla stazione per ritrovare una frenesia artigiana, come se quella zona fosse popolata da fabbri, idraulici, lattonieri, gente diffidente e con gli occhialetti tirati da molle dietro la nuca, perennemente indaffarata e veloce di mano, brava a trafficare tra fiamme ossidriche e matasse di stoppa.

Fino all'anno prima l'Oriente aveva il colore dei viaggi mattutini, quando il pullman mi portava al paese dov'era il liceo e fermava a un incrocio segnalato da una colonnina con un lampeggiante. La scoperta di Lambrate modificò tutto e la voce di Lucio Battisti, che cantava *La luce dell'est*, sostituì la ballata di Branduardi. Continuavo a pensare a questo est ma, a differenza dell'Appennino, Milano si consegnava con un vocabolario tecnologico: c'erano le aule del Politecnico, le vetrate della facoltà di Scienze naturali, le costruzioni cubiche degli istituti di Chimica e Fisica. Si potevano addirittura immaginare i destini di chi aveva abitato in quelle strade, nel tempo in cui spuntavano le prime pompe di benzina alte e di colore rosso, come le aveva dipinte Edward Hopper in *Gas*, nel 1940.

Anche in questo Lambrate somigliava a una frontiera di due civiltà che si toccavano. Fu mia madre a farmelo notare quando ci sentivamo al telefono: «Sei andato a vivere dove scorre il Lambro. Lo sai che il nome della Lambretta nasce dall'acqua del fiume?»

Mia madre continuava a farsi domande sulla nomenclatura di questa città, come in occasione del collegio Calasanzio. «Alle tue spalle c'è il Rubattino. Ti ricordi Garibaldi con quale compagnia di navi è andato in Sicilia?»

Non me lo ricordavo. Io mi limitavo a girare per le strade intorno al collegio, da largo Murani fino a via Amodeo, poi risalivo in via Bassini, mi infilavo in via Grossich, in via degli Orombelli. Mi muovevo senza una meta precisa, nel tentativo di avvistare un lampadario nel quadrato di una finestra, di quelli che si usavano in cucina, a corona ondulata e con la lampadina a vista. Avrei immaginato genitori e figli radunati intorno a un tavolo per la cena e sarebbe stato come essere un po' a casa. Lo confessavo a mia madre per telefono: «Sto a guardarvi tutte le sere sotto il lampadario.»

«Lampadario?» chiedeva lei.

Fingeva di non capire. Veniva mattino, veniva sera. Giravano i giorni, cominciavano e finivano settimane, e io mi allontanavo dal mio Appennino.

Dopo la telefonata sui lampadari arrivò in collegio una lettera di mia madre. Mi dava notizie di casa, mi informava sulla scuola che frequentava mia sorella e mi invitava a leggere un foglietto a quadretti, su cui la grafia di mio padre pareva saltellare di esultanza: «*Dal 22 febbraio 1966 scriviamo, uno al giorno, i nomi: cavallo, macchina, fischietto, treno, cubetti. Nostro figlio conosce benissimo i nomi, li distingue e li pronuncia con estrema precisione e sicurezza. I nomi da scrivere sul cartoncino li sceglie lui stesso, di volta in volta. E noi possiamo comprendere anche i suoi interessi.*»

Il 22 febbraio del 1966 io avevo poco più di due anni. Il foglietto risaliva al tempo dell'esperimento americano e dall'elenco dei termini era chiaro che già allora avevo l'ossessione dei viaggi.

Chiusi la busta e la conservai nel cassetto a ribalta. Cosa avesse spinto mia madre a spedirmela non mi era chiaro. Forse il racconto dei lampadari l'aveva colpita al punto da volermi ricordare che non dovevo voltarmi indietro, che il mio viaggio sarebbe stato inutile se avessi obbedito alla malattia dei ricordi. E io, quel biglietto, me lo infilai nel portafogli, come a proteggere il mio vivere fuori casa.

Un altro libro avevo in valigia nel viaggio verso Milano ed era *Il Sempione strizza l'occhio al Frejus*. Mi aveva incuriosito, ma non lo avevo aperto, riservandomi di farlo quando avessi avuto modo di sentirmi più vicino alle due montagne che erano nel titolo. Mi chiedevo: da che parte saranno il Sempione e il Frejus? Immaginavo le due cime cariche di neve, complici di qualche segreto che le obbligava a farsi l'occhiolino.

Lo leggevo nelle ore notturne, mentre i tram rientravano nei depositi, e il mattino mi svegliavo con il desiderio di cercare i prati, gli alberi, le radure della periferia dove avevano abitato i personaggi. Non conoscevo Vittorini se non per averlo visto in foto su una copertina: un signore in giacca, sciarpa e coppola. Poteva avere l'età di mio nonno paterno e, proprio come nonno, anche lui incrociava la sciarpa sopra il petto prima di infilarsi il cappotto. Da qualche anno mio nonno non c'era più, ma avevo trovato uno scrittore che si vestiva come lui. Anche il personaggio del romanzo poteva assomigliare a mio nonno che aveva sempre fame tanto che nonna doveva nascondere il pane e le mele nei posti più impensati della casa.

Mentre leggevo, sentivo i treni arrivare in città e pensavo alla fatica delle ruote quando si muovevano sulle rotaie, allo strappo improvviso da quel monumento di tempo che chiamiamo memoria, da cui partono tanti fili invisibili e non si sa dove arrivano. Credo fosse questo il vero motivo che di giorno mi spingeva sulle strade di Lambrate: scoprire i fili invisibili che stavano tra quel che ero prima e dopo il viaggio.

Una mattina, per sbaglio, mi trovo oltre il ponte della ferrovia, lungo la linea del tram 23. Seguo le rotaie e arrivo in una piazza circolare che ha un nome curioso: Rimembranze di Lambrate. Ero ancora fresco di studi liceali e il termine "rimembranze" mi ricordava Giacomo Leopardi, che pure non avevo mai amato ma che in quella circostanza si presentava con una promessa di poesia: «*Vaghe stelle dell'Orsa, io non credea tornare ancor per uso a contemplarvi...*»

Non era un'ora adatta a studiare le stelle del Gran Carro, ma sapere dell'esistenza di una piazza che invitava all'esercizio della memoria era la dimostrazione che non mi ero sbagliato a venire fin lì perché Milano attingeva all'acqua le sue radici e l'acqua era stata la medicina che mi aveva guarito dal silenzio.

Un pomeriggio andai a sentire Fulvio Tomizza che incontrava gli studenti in un'aula del Politecnico. Era seduto in cattedra, si guardava intorno, poi osservava la nebbia di novembre fuori dalle vetrate, ma non sembrava spaesato. Vestiva elegante, con i capelli impomatati e pettinati all'indietro, secondo una posa che sapeva di anni Trenta. Parlava pacato e senza muovere le mani, tanto che io riuscii a catturare soltanto qualcosa di sussurrato nel suo discorso, qualcosa che riguardava le terre da cui non si era mai staccato: quella marca di frontiera tra Friuli e Istria, niente più di una fascia senza confini, di cui lui si sentiva un po' il figlio primogenito, l'unico autorizzato a scriverne.

Tomizza quel pomeriggio raccontò della famiglia, del paese che aveva un nome misterioso – "Materada" – e a un certo punto pronunciò una frase che non ho più dimenticato. Disse: «Il compito di uno scrittore è testimoniare.» Poi aggiunse: «Testimoniare il tempo che non ha visto.»

Dei suoi libri conoscevo *La miglior vita*. Parlava di chiese, di primavere. Sapevo a memoria le prime parole: «*La mano mi trema come in quel lontano mattino di Pasqua...*» Non era la mia terra, ma un po' le rassomigliava. Un'altra verità si aggiungeva alle certezze che mi aveva regalato Rimembranze di Lambrate: per scrivere non basta conservare, bisogna testimoniare il tempo non conosciuto. Fuori dalle vetrate del Politecnico la nebbia calava sul tempo che passava in ogni istante a miglior vita senza che potessimo fermarlo, soltanto scriverlo. E salvarlo dal suo annientarsi.

Diventai maggiorenne nell'umido di un autunno, un giorno di nuvole in cui nessuno in collegio sapeva dei miei anni e nessuno mi cercò, tranne i miei genitori, con cui potei scambiare una telefonata extra rispetto a quelle domenicali. Era il primo compleanno che passavo da solo e nel filo del telefono correvano i diciott'anni che mi separavano dall'istante in cui le mani della levatrice mi avevano sottratto al corpo di mia madre. Credo di aver sentito lo stesso strappo mentre la voce di mio padre indugiava nel racconto dell'ora in cui ero nato – lui che fumava, zio Gildo che bussava al muro, altolà/altoqua – e non permetteva se non qualche risposta generica quando mi chiedeva cos'avrei fatto quel mattino. Poi aggiunse: «Tu vai dove sarei voluto andare io.»

Chiudemmo lì la telefonata.

Stavo per andare dove sarebbe voluto andare lui. Raggiunsi la stazione della metropolitana e chiusi gli occhi. Volevo percorrere il viaggio sotterraneo in una parentesi di buio. Ma non entrai nelle aule dell'Università Cattolica, preferii rimanere nei chiostri, sotto gli archi di quel rosso che era il colore dei Maestri comacini, poi salii al piano di sopra, girai negli ambulacri che avevano la forma di un otto rovesciato, dove il sole filtrava dalle finestre a intervalli geometrici. Camminarci ebbe il significato di una promessa mantenuta, di un patto rispettato fra me e mio padre, che sarebbe voluto essere lì dov'ero io.

Non cercavo altro se non di intuire dove lui avrebbe messo i piedi e sulle orme che potevano essere le sue io poggiavo i miei. Ripercorrevo passo dopo passo le linee di quella magnifica architettura della mente che è la fede nelle cose invisibili, divise da una questione di tempo, eppure tangibili nel loro appartenere ai desideri di cui si nutre la memoria. Paolo di Tarso la chiama «*sostanza di cose sperate*» e tali erano per me, quel giorno, i passi di mio padre. Il suo testamento anticipato, il dizionario della mia maturità.

15

Esercizi di fine Novecento

Quando Giuseppe Billanovich cominciava la lezione, nessuno faceva caso alle astuzie con cui cercava di richiamare l'attenzione di noi matricole o si accorgeva dell'insofferenza che provava nel vedere i banchi pieni. Era considerato da tutti uno studioso di genio – lo sentivamo dire da chi era più avanti negli anni –, uno che conosceva la letteratura come l'elenco della spesa e faceva irruzione in aula con una pila di volumi sottobraccio, li poggiava sulla cattedra ma senza aprirli. Cominciava il cerimoniale: un occhio all'orologio, un breve controllo al nodo alla cravatta e ai polsini della camicia. Poi partiva.

Quell'anno aveva scelto come argomento del corso il *Decamerone* e credo si divertisse a leggere la delusione sulle facce degli studenti, mentre si dilungava nelle stime merceologiche dei pascoli e delle greggi, eppure continuava ugualmente quel gioco a nascondino.

«Sapete quante pergamene si ricavavano da una pecora?» domandava a un certo punto e fissava noi alunni con occhi sgranati. «Ve lo dico.» Usava le dita per indicarceli: «Una pecora, cinque o sei fogli.» E si metteva a spiegare i procedimenti: gli animali scuoiati, le pelli essiccate, i coltelli usati per depilare.

Io lo guardavo e mi dicevo: sono venuto a Milano per studiare letteratura, non veterinaria! Anche i miei genitori, quando domandavano notizie, restavano perplessi: «Ti abbiamo mandato a Milano. Dovresti leccarti i baffi con i professori di lassù.»

«Per il momento stiamo parlando di pecore» rispondevo io.

«Pecore?» interveniva allarmata mia madre.

«Sì», e prendevo tempo. «Stiamo capendo quante ce ne volevano nel Medioevo per formare una pergamena.»

Intuivo esitazioni all'altro capo del telefono e i pochi minuti di conversazione, la domenica mattina, trascorrevano in un'aria interrogativa: avevo lasciato l'Appennino, dove il mestiere del pastore era diventato raro, e ora mi trovavo al cospetto del grande professore che parlava di pecore, agnelli, montoni. Pian piano le matricole cominciavano a disertare le lezioni e solo allora si decise a descrivere le pergamene che aveva letto nelle biblioteche più importanti del mondo. La voce si faceva seria, lo sguardo fisso. Tracciava alla lavagna strani alberi capovolti.

«Il *Decamerone* respira l'aria di Napoli, non di Firenze» spiegava con un tono che intendeva essere persuasivo. «Contate quanti aranceti nomina Boccaccio.»

Io pensavo: abbiamo finito con le pecore, adesso ci dedichiamo alle arance. Pecore e arance erano segni di una geografia inusuale che Billanovich voleva a tutti i costi regalarci, noi che eravamo gli ultimi sopravvissuti alla fuga degli alunni scontenti. E in quello sguardo originale, in quel suo parlare del *Decamerone* come libro volatile e fantasioso, parente dell'aria angioina che si respirava a Napoli, io ritrovavo un po' la strada di casa.

Mio padre chiudeva le telefonate con una raccomandazione: «Non dimenticare la Casa degli Atellani.» E in quell'invito nascondeva anche il desiderio di rivelarmi che dentro Milano, in uno dei tanti crocevia della sua storia, avrei trovato qualcosa della mia identità. Che a Milano esistesse un palazzo con il nome del mio paese mi pareva una delle trovate di mio padre per rendere meno complicati i miei anni lombardi.

La Casa degli Atellani affacciava sulla chiesa di Santa Maria delle Grazie ed era costruita nel punto in cui la strada curvava in una S appena accennata, proprio là dove i tram di nuova generazione, che sentivo chiamare Jumbo, scivolavano verso piazzale Baracca e corso Vercelli. Aveva davvero qualcosa del mio paese: non solo i mattoni rossi che sapevano di consumato, ma un senso di dimenticanza in un contesto che invece era fatto di marmo e si vantava d'essere mito e progresso.

Conoscevo poco di questo edificio, ma la sua altezzosa signorilità mi faceva sentire inadeguato rispetto alla nozione di Atella che conservavo dentro di me e che aveva la fisionomia di un borgo appenninico, silente ma vivo, seppure nell'assenza.

«Dentro Milano c'è davvero un pezzo del nostro paese» riferivo a mio padre per telefono.

«Hai visto che miracolo? Ci abitano ancora i signori Portaluppi? Quando Erasmo Peracchi me l'ha fatta visitare ho conosciuto il proprietario, un conte molto anziano.»

Mio padre mi sommergeva di curiosità. Senza volerlo mi rivelava la parte mancante del nostro primo viaggio, quando si era incontrato con il presidente della Provincia.

«Non ci sono potuto entrare» mi giustificavo. «Il portone era chiuso.»

«Potevi bussare. Eccome se potevi. Sei di Atella, ti avrebbero aperto!»

Indugiavo solo un poco ad ammirare il palazzo, quando finivano i corsi e stavo per tornarmene a Lambrate. Sapevo che Leonardo da Vinci era stato ospite fra quei muri e girarci intorno, studiare il quadrato delle finestre e il movimento degli archi mi aiutava a imparare l'alfabeto di quella città che si svelava piano piano nel suo panorama di verità esatte.

Era stato Claudio Scarpati a mettermi sulla pista di questa Milano e le sue lezioni, il mattino presto, ti lasciavano sempre un che di enigmatico. Era tornato da Berkeley un paio di anni prima e parlava come se stesse pronunciando teoremi: Leonardo era stato un formidabile idraulico, diceva, montava e smontava ipotesi di canali per farci passare l'acqua e ogni tanto, quando si stancava di disegnare il Cenacolo alla chiesa delle Grazie, andava a bussare alla Casa degli Atellani. Scarpati non conosceva questa famiglia partita dal mio paese cinque secoli prima di me e io mi ripromettevo di andarglielo a riferire, ma poi rinunciavo perché il suo spiegare a rebus mi rubava sempre l'occasione. Più tardi glielo riferirò, mi ripromettevo. E per una fantasia urbanistica il pensiero correva ai Navigli che si incuneavano fra le case e le campagne.

L'acqua continuava ad attrarre i miei passi, non soltanto quella su cui Milano poggiava i piedi, ma anche quella che Leonardo da Vinci aveva cercato di imbrigliare nelle chiuse, immaginando una città di ponti e canali, dondolante e circolare come gli orecchini di una donna. I venti dei miei inverni mi portavano lontano, verso Lambrate o le periferie dove abitavano i miei zii, ma ogni tanto avevo bisogno di ripararmi sotto gli spioventi di questa Casa degli Atellani come fanno i cani sotto i balconi, sentirmi al cospetto di un edificio a cui bastava già solo il nome per aprire le ali. Stavo lì, al caldo della mia appartenenza, e mi pareva di non essere andato via di casa.

Avevo imparato a riconoscere da che parte finivano quei fili invisibili della memoria, che un tempo cercavo a Lambrate e che poi uno per uno, lentamente, finivano per fissarsi nel percorso dal collegio all'università. Uno di essi mi indirizzava alla fermata Lanza della metropolitana, dove sentivo profumo di detersivo. Non era che una sensazione, un soffio d'aria, un'ipotesi, ma serviva a ricordarmi che mia madre e zia Dalia, un tempo, facevano la raccolta dei punti della Mira Lanza. Per anni erano rimaste in attesa di un pacco da Milano. Continuavano a spedire lettere per ottenere giustizia dei premi richiesti e mai recapitati e, quando aprivano una confezione, collezionavano le figurine nascoste tra la polvere: norvegesi, eschimesi, peruviani, canadesi, mongoli, cinesi, africani. Una galleria di volti esotici e sorridenti.

Un altro di questi fili arrivava tra via Carducci e corso Magenta, dove si allargava un accenno di piazzetta e i binari dei tram si aggrovigliavano come una matassa. In quel luogo affacciavano le vetrine di una drogheria, che per me erano come la sirena dell'infanzia nel cuore di Milano. In una erano esposte bottiglie di liquori, confezioni di marmellata, scatole di cioccolatini e di biscotti. In un'altra spazzolini, dentifrici, cromatina, pettini. In un'altra ancora bottiglioni di detersivi, flaconi per lozioni da barbiere e prodotti per la pulizia della casa. Mio nonno paterno poteva trovarsi là dentro, a vegliare da quel negozio sulle mie insicurezze di studente fuorisede: questo pensavo ogni volta che sfioravo le vetrine. Riuscivo perfino a pronunciare le parole che avrei potuto rivolgergli, se davvero lo avessi incontrato in una situazione poco oltre la soglia di un non-tempo che si era trapiantato a Milano, e l'illusione di averlo così a portata di mano sottraeva ogni patina di nebbia alle mie giornate.

Il negozio lo incrociavo venendo a piedi da piazzale Cadorna, a ricordarmi che il passato lascia sempre un pertugio aperto per arrivare fino a noi. Ma non ci sono mai entrato. Mi limitavo a un'occhiata di sfuggita, un po' alle vetrine, un po' all'insegna giallorossa del J&B, poi abbassavo lo sguardo e nulla più.

Era un mistero come potessi intuire il mare in una Milano che si presentava coperta da nuvole cariche d'acqua.

Credo dipendesse dalle vetrate dell'università, nella zona degli ambulacri a cerniera tra il primo e il secondo chiostro. Nei pomeriggi invernali, passandoci per il cambio d'aula, mi ricordavano il palazzo di fronte a Castel dell'Ovo, sul lungomare Caracciolo, a Napoli, dove si trovava la facoltà di Economia e Commercio. Ci ero capitato qualche volta, in quegli anni, per incontrare una ragazza con cui condividevo lettere dalla grafia incomprensibile, che le spedivo ogni settimana, o brevi conversazioni telefoniche, consumate nelle cabine gialle agli incroci delle strade.

«Di che colore è il mare?» chiedevo io. E dall'altro capo, mentre scendevano i gettoni del telefono, mi pareva arrivasse una voce che si tingeva di Mediterraneo. «Fosse qui, il mare, sarebbe bianco come carta» aggiungevo io.

Con Annalisa – così si chiamava la ragazza – mi ero incontrato per caso in uno dei tanti ritorni sul mio Appennino. Fra noi era cominciato un dialogo che si nutriva di solitudine, segnato dalla lettura di un libro che sapeva di esilio – *Una scelta di vita* di Giorgio Amendola – e che la lontananza rendeva una parentesi felice dentro un cielo di nuvole. Azzurro era infatti il pezzettino di mare che si apriva non appena uscivo dal portone della facoltà di Economia e Commercio, a Napoli appunto, dove lei studiava, e io mi illudevo di ritrovarlo identico attraversando il corridoio tra i due ambulacri, in Cattolica. Le vetrate erano alte e luminose, ma solo con uno sforzo di fantasia avrei visto brillare la dolcezza di un golfo là dove invece, oltre le tegole di Sant'Ambrogio, si davano appuntamento i tetti di un'Italia europea e continentale.

«Stamattina c'era il mare davanti alla mia università» scrivevo per lettera ad Annalisa. Ed era già tanto se quelle parole riuscivano a mettere ordine dentro il buio degli autunni. Più intuivo l'azzurro del mare oltre le vetrate, più sentivo la distanza dai luoghi dov'ero nato.

Al terzo anno di università mi presentai da Francesco Mattesini per chiedergli la tesi. Era un pomeriggio di fine novembre e l'abat-jour acceso spargeva un'aria di vacanza allo studio. Mattesini indossava il saio francescano. La sua asciuttezza restituiva una fisionomia ancora più slanciata rispetto all'altezza a cui mi sarei abituato nelle stagioni successive e sorrideva sempre, qualsiasi cosa gli venisse detta, salvo farsi serio e accigliato non appena una parola gli attraversava la fronte.

Mi scrutò con lo sguardo di chi avesse intenzione di chiedere: come ti viene in mente di studiare Sinisgalli? Però non lo fece, non ebbe reazioni se non una parvenza di ricordi che si persero nelle rughe del volto.

«Semaforo verde» disse. Usò proprio questa espressione: semaforo verde. E io compresi che a Milano non si poteva non ricorrere al vocabolario delle meccaniche.

Mattesini era nato a Firenze e conservava una maniera tutta sua di anticipare le azioni che stava per compiere. Una telefonata, per esempio, la indicava con il dare la carica alla manovella dei vecchi apparecchi neri. I suoi erano modi da cinema muto e tutto ciò che concorreva a indicare rincrescimento, riso, noia, gioia, ansia, usciva allo scoperto attraverso le sopracciglia, le labbra, gli occhi. Il volto di Mattesini era un incrocio di contrasti: un attimo prima c'era uno sbuffo di contentezza, quello dopo una maschera di disappunto.

Quando riferii dell'incontro a mio padre, lui ebbe un sussulto nella voce: «Sfido io, è stato amico dei professorini.»

«Lo conosci?»

Quando io ero piccolo, mio padre leggeva gli articoli che Mattesini pubblicava sulla rivista *Vita e Pensiero* e questo particolare dava l'idea di un uomo abituato a tipografie, ritagli di giornali, fogli inchiostrati, che io ritrovavo pari pari nelle sue parole, a lezione.

L'anno in cui lo conobbi saliva in cattedra proprio mentre il tramonto arrossava i mattoni di Sant'Ambrogio. Stava sempre in piedi, in un'aula con un finestrone a forma di mezza luna. Parlava di com'era Milano due secoli prima – una grande civiltà, ripeteva, una civiltà di una Lombardia luminosa – e nominava di continuo la rivista *Il Caffè*. Andiamo bene, dicevo tra me e me, Billanovich ha il pallino delle pecore, Mattesini delle caffetterie. Ma era questo l'esercizio che Milano mi chiedeva di risolvere: la vita correva sulle linee di un tempo che trovava le strade più insospettabili per rivelarsi.

L'autunno in cui scrivevo la tesi comprai *La luna e i falò* di Cesare Pavese. Era un tascabile Einaudi, con un disegno di Camille Pissarro sulla copertina, che ritraeva un contadino intento a sistemare uno spaventapasseri tra i filari di una vigna. Il quadro rendeva il libro familiare. Anche il titolo invitava a una stagionalità a cui ero abituato e questi particolari – titolo e copertina – furono il pretesto per mettermi sulle tracce di un'America, come di un grande mantello di memorie, poggiato sopra i tetti delle cascine langarole.

Quell'autunno si rivelò di una consistenza piovosa e un odore di mele selvatiche invase la mia camera in collegio. Non capivo se l'origine fosse nell'umido, ma era così forte da richiamare un mondo di astuzie autunnali, quando si pensava ad accumulare cibo per affrontare il letargo dell'inverno o si contavano i giorni che mancavano a dicembre. Forse il profumo usciva dal libro di Pavese, dalla sua scrittura che la quarta di copertina definiva geometrica, quasi la memoria fosse una strada di cristalli, di una limpidezza esatta, da percorrere nella luce del mattino.

Sarà stato il battere della pioggia a suggerirmi due parole che mi ero appuntato sopra uno dei bloc-notes e che ogni tanto ripetevo: "piagnose" e "lagrimose". Credo venissero dal ricordo di due sorelle che vivevano presso le suore della Mater Misericordiae, al mio paese, durante gli anni delle elementari. Si chiamavano Laura e Teresa, erano orfane e frequentavano la mia stessa classe. Un giorno andarono via e io non seppi più nulla di loro. Molti anni dopo trovai un foglio di quaderno a righe scritto con la grafia di Laura:

Caro maestro, mi dispiace di aver lasciato, ma ritornerò. Voi mi avete voluto sempre bene e invitata a mangiare. Dateci tanti saluti e baci a tutti i bambini della scuola. Io ogni giorno vi penso e non ho salutato i miei compagni e li saluto con questa piccola letterina. Dateci tanti bacioni e bacioni alla maestra e ai vostri figli. Bacioni e bacioni da Laura.

L'autunno in cui lavoravo alla tesi di laurea, il foglio scritto da Laura mi arrivò in collegio dentro una busta che mia madre mi spedì senza commenti. Probabilmente le era capitato tra le mani e voleva rendermi partecipe della sua sorpresa. Ma era anche un modo per conservare l'illusione che io fossi ancora lì, con lei, a casa, a condividere il legame con quel che ero stato. Ricordare e dimenticare sono due esercizi per addomesticare il tempo: questo credo volesse farmi intendere mia madre. E bastarono due parole – "piagnose" e "lagrimose" – per risvegliare un pezzo di vita destinato all'estinzione.

16

Autoritratto per letture

Mattesini amava uno scrittore fiorentino dallo sguardo allucinato e i modi bruschi, che aveva sposato una contadina e si era buttato nella letteratura inseguendo quel riscatto che non avrebbe raggiunto con un altro mestiere.

«Non poteva mancare Giovanni Papini, proprio non poteva mancare» ripeteva mio padre quando gli facevo il resoconto dei miei studi. E questo interesse rafforzava il legame sotterraneo con Mattesini, una specie di parentela a distanza con la città di Firenze, dove lui e mia madre si erano trovati in viaggio di nozze, a immaginare un figlio scrittore: io sarei dovuto essere il frutto di un riscatto che cominciava da lui e finiva con me.

Nella casa vecchia tenevamo ben in vista i libri di Papini, tutti editi da Vallecchi, che mio padre considerava la migliore casa editrice del Novecento. Dopo il trasloco nella casa nuova, scelse una posizione di riguardo nelle librerie della Lips Vago e da lì Papini continuava a guardarci spettinato e irrequieto, terribilmente solo, almeno finché non gli era capitato di incontrare Dio. I libri sono il luogo dove incontrare Dio: questo piaceva a mio padre, perché Papini in gioventù era stato miscredente, poi si era messo a scrivere quella specie di vangelo entusiasta che è *Storia di Cristo*.

A me spaventava lo sguardo di quest'uomo arrabbiato

con se stesso e mi spaventava anche l'idea che mio padre immaginasse un tipo simile come modello per suo figlio. Solo quando riuscii a leggere *Un uomo finito* arrivai a comprendere cosa lo attirasse: Papini era un ragazzo nato ai margini, a cui non restavano che i libri per diventare qualcuno. La storia sua. E anche un po' la mia.

All'angolo di piazzale Cadorna, dov'era la vetrina della libreria Rinascita, gli occhi finirono su *Libera nos a Malo*: sovraccoperta bianca, un saltimbanco che fa una piroetta in aria come un fantoccio mentre qualcuno sotto regge il telo. Racconta di me, mi sono detto, racconta di quel che ero un tempo.

La scena richiamava qualcosa della mia infanzia, quando andavamo alla Madonna del Laudato, il giorno successivo alla Pentecoste. Più che una chiesetta, pareva un'abitazione di campagna adattata a santuario, sotto un olmo che allargava le braccia verso le tegole e il fumaiolo e faceva così tanta ombra da dare riparo ai venditori di torrone, arachidi, castagne, lupini, semi di zucca. Si recitava l'Ave Maria, poi ci si fermava a fare convito e, mangiando mangiando, sentivi che la Madonna ti aveva perdonato e in bocca ti restava quel «*sapore di giostre, torrone e nasi di cartapesta*», come scriveva Pavese nel suo diario. Non c'erano nasi di cartapesta in vendita sulle bancarelle e nemmeno giostre (forse un'altalena che scendeva da un ramo dell'olmo), però l'odore del torrone dava la sensazione di un tempo che non era tempo, ma un filo ininterrotto con l'eternità.

Era gennaio quando mi ricordai della Madonna del Laudato mentre guardavo *Libera nos a Malo*. Il cielo si spalancava con un azzurro inusuale per il clima milanese, come inusuale era la luce che pareva finire nella piroetta stampata sulla sovraccoperta: una festa di paese, annunciata da un titolo misterioso – liberaci dal male –, che per scherzo Luigi Meneghello aveva rubato al Padrenostro.

Lo comprai e lo tenni di fianco al letto. Ammiravo il funambolo che saltava e le facce incredule dei bimbi sotto il telo. Ogni tanto leggevo qualche riga: «*S'incomincia con un temporale. Siamo arrivati ieri sera e ci hanno messi a dormire nella camera grande, che poi è quella dove sono nato. Coi tuoni e i primi scrosci della pioggia, mi sono sentito di nuovo a casa...*» Mi bastava sapere che a Malo tuonava e pioveva, l'acqua spaventava gli abitanti e dava ai bimbi il sospetto che fosse Dio a provocare i tuoni. Dio era un personaggio del paese, un burlone che si divertiva a terrorizzare gli ingenui.

Doveva essere uno spasso vivere a Malo negli anni di Meneghello: questo pensavo. E prendevo sonno nel ritmo della pioggia sulle tegole, nel silenzio della memoria dove si infilavano le parole. Anche questo mi pareva segno di un destino che doveva essere salvato dalla pioggia, un po' come il mio. E in quel dormiveglia ripetevo: Signore, *libera nos...*

Telefonai al *Corriere della Sera* chiedendo di Giuliano Gramigna. Il suo nome mi era capitato sotto gli occhi quando era morto Sinisgalli, a fine gennaio del 1981, e Gramigna aveva pubblicato un articolo: *Care muse matematiche*. Che fortuna, mi dicevo, pure Gramigna avrà saputo degli uccelli gracchianti! Matematico era tutto in Sinisgalli: non solo le muse, anche il libro dalla natura cangiante – non un romanzo, non un diario, non un saggio – che riassumeva i caratteri dell'Illuminismo tanto caro a mio padre. *Furor mathematicus* si intitolava. Sinisgalli l'aveva pubblicato quando abitava a Milano e non nascondo che, se ho deciso di venire a studiare in questa città, è stato anche per comprendere dove danzassero le muse di questo poeta, le muse dei Navigli, le muse della Pirelli.

Composi il numero del giornale da una cabina telefonica, mi rispose un centralinista e chiesi di Gramigna.

«Chi devo dire?» domandò la voce. E senza nemmeno

ascoltare la risposta partì la musica dell'attesa. Io ascoltavo e pensavo: questa è la sinfonia del *Corriere della Sera*, accompagna le parole che finiscono sulle pagine. Gramigna, quando me lo passarono, era sorpreso che io fossi ricorso a modi così diretti per incontrarlo e tentennò nel darmi appuntamento, almeno fino a quando non sentì il nome di Sinisgalli.

Ci andai il giorno stabilito, il centralinista mi fece accomodare in una stanza dov'era esposta un'immensa linotype e anche allora pensai: chissà quante parole saranno passate dentro questo attrezzo prima di arrivare sulla carta. E studiavo la tastiera, la grande pancia, i tubi in cui le lettere dell'alfabeto si infilavano per arrivare a destinazione chissà come, transitando a saltelli o scivolando lisce come su un tappeto.

«Sinisgalli» cominciai io dopo che Gramigna mi salutò, «le avrà viste davvero le muse a forma di uccelli?»

Non me n'ero accorto, ma avevo posto a Gramigna la stessa domanda di mio padre a Riviello. Gramigna non rispose. Preferì portarmi di sopra, in redazione, e presentarmi a Giulio Nascimbeni, un signore alto e serio che sedeva al tavolo di fianco al suo. Io gli strinsi la mano e pure lì mi venne da esclamare: che Dio ti benedica, Giulio Nascimbeni, hai delle mani che volano sulla macchina da scrivere come un pianista sulla tastiera. Io mi ricordo quando leggevo gli articoli firmati da lui: parevano viaggi dentro le parole che filavano su un treno immaginario lanciato nella pianura. Gramigna invece scriveva in maniera più sofisticata, come se procedesse su una strada interrotta da continui semafori: soste, ripartenze, soste, ripartenze.

Quel giorno mi squadrava con cautela, cercava di capire da dove venissi e come fossi capitato a Milano. A un certo punto la sua voce diventò meno geometrica: «Ti piace scrivere, secondo me.»

Io rimasi sorpreso: come avrà fatto a indovinare?

Non glielo dissi a parole, ma a segni.

«Perché non mi porti da leggere qualcosa di tuo?» chiese lui.

Feci di nuovo sì con la testa e la promessa di tornare al *Corriere della Sera* diede una patina argentata al pomeriggio che avvolgeva con l'ultima luce il marciapiede di via Solferino. Appena scesi in strada, mi voltai per guardare in alto: il *Corriere della Sera* era un palazzo di parole esatte. Non avevo incontrato le muse di Sinisgalli, ma il mio linguaggio cominciava a comporsi del vocabolario di Milano.

Credo sia stato Enzo Biagi a farmi conoscere William Faulkner. Poteva essere febbraio quando la nebbia di una domenica mi costrinse a stare al chiuso del collegio con gli occhi su una pagina del *Corriere della Sera* che riportava, a caratteri grandi, il termine SUD. Piegai quella pagina e la conservai come una mappa, su un foglio appuntai una sola parola che mi aveva incuriosito: Yoknapatawpha, un nome da mistero indiano e selvatico, adatto ai popoli guerrieri che abitavano l'America prima del Far West.

Faulkner aveva scelto di raccontare un pezzo di terra inesistente, grande quanto un francobollo: questo indicava Yoknapatawpha. Cominciai a cercare notizie su di lui. Ricordo alcune foto dove pareva Vittorio De Sica: sorriso sornione sotto i baffi, fiammata bianca sui capelli brizzolati, pipa marrone in bocca. Le sue storie salivano come fumo da quella pipa e finivano per imbiancare i baffi di questo silenzioso signore di mezz'età, timido nello sguardo, pieno di paure per il tempo che passa.

Andai in libreria a cercare una copia di *Bandiere nella polvere*, di cui parlava l'articolo. In copertina si vedeva una casa di legno con quattro finestre incorniciata d'azzurro. Sotto, una scritta: UN GRANDE AFFRESCO DEL PROFONDO SUD. Non lo comprai. Mi accontentai di ammirarlo: anch'io ho un profondo Sud lasciato alle spalle, pensavo.

Senza che me ne accorgessi, cominciavano a spalancarsi i varchi verso l'America.

Per rimediare qualche spicciolo, frequentavo una casa editrice dove un signore dai modi profumati – baffetti, capelli ben pettinati, giacca doppiopetto – parlava elegante e sorridente. Solo dopo esserci entrato più d'una volta ero venuto a sapere che si chiamava Cesare Cavalleri, una figura che incuteva soggezione per il suo sguardo appuntito. L'Ares – questo il nome della casa editrice – consisteva in un appartamento dalle parti di corso Buenos Aires, in una via laterale dove fermava il numero 93, il filobus che da Città Studi si allungava fino a piazzale Loreto. I cavi a volte si confondevano con la bruma degli inverni, come circuiti aerei su strade invisibili.

L'Ares era uno di quei luoghi a cui si aggrappavano i fili di queste traiettorie e, anche se trascorrevo solo qualche ora a incollare francobolli sulle buste, un po' sentivo di aver ipotecato il mio futuro nel mondo editoriale: finalmente ho scoperto dove si fabbricano i libri, mi dicevo. E ci mettevo cura nel portare a termine il lavoro, perché magari l'esito di una risposta dipendeva dal francobollo dritto e ben sistemato.

Alla fine della giornata la lingua era secca e i polpastrelli indolenziti, ma avevo spedito cento, duecento lettere, di cui non conoscevo il contenuto. I nomi dei destinatari sì: li avevo intercettati sulle copertine delle riviste o sui giornali che tenevamo a casa. L'idea che quelle buste finissero nelle loro mani, sulle scrivanie, mi faceva sentire al centro di una ragnatela alle cui estremità c'erano proprio le dita degli scrittori, che sono sacre, pensavo, perché costruiscono storie e il foglio di carta è un mondo da inventare come fa Dio. Cavalleri mi guardava perplesso, ma apprezzava la mia cura. Le lettere che preparavo sotto i suoi occhi, i francobolli che stavo ben attento a fissare ai bordi delle buste, potevano essere una specie di annuncio geografico. Guai a sbagliare indirizzo.

Quando mia sorella mi raggiunse a Milano per frequentare anche lei la stessa università dove mi stavo laureando, cambiò il modo di viaggiare: ai treni notturni si sostituirono gli intercity nuovi e silenziosi che sfilavano anch'essi lungo l'Adriatico, ma di giorno. Ci salivamo a bordo, io e lei, con il pranzo domenicale ancora in bocca e il gran desiderio di protrarre il più a lungo possibile il silenzio. Il treno arrivava e ripartiva dalla stazione di Foggia senza l'indolenza dei convogli notturni. Io mi occupavo delle valigie, mia sorella pensava ad asciugarsi le lacrime che scendevano a sbavarle il trucco e solo quando trovavamo posto smetteva di piangere, ormai con lo sguardo diretto verso nord.

Seduti uno di fronte all'altra, tornavamo indietro negli anni, ai tempi in cui era volato via quella specie di velo che si era intromesso fra noi al tempo della sua nascita: lei rivendicava il suo ruolo nel mondo, io sapevo che il mondo non poteva essere soltanto mio. Un patto più che una tregua, una di quelle pezze con cui ricucire le cicatrici e condividere qualche ora insieme, come al tempo del plaid disteso sul pavimento, io e lei seduti sopra, a immaginarci naufraghi a bordo di una zattera alla deriva.

I nostri viaggi in treno conservavano qualcosa di quelle navigazioni senza meta. Erano passati anni e adesso ritrovandoci sui sedili dello scompartimento aspettavamo un'altra isola dove approdare con la zattera. Tra noi due, lei era la più convinta di appartenere alla sensibilità di Milano e, non appena il treno usciva dalla stazione di Foggia, aveva preso l'abitudine di tirar fuori da un astuccio lo spazzolino da denti e lisciarsi le sopracciglia. A me pareva un gesto di esagerata finezza, che mi ricordava i tempi in cui faceva intrugli con le creme da applicare alle bambole. Ma lei era fatta così: si sentiva a proprio agio nei vagoni che avevano l'aspetto sofisticato dell'avventura pomeridiana. Per me invece viaggiare era un'azione riservata al buio delle notti, sicché fu quasi una sorpresa quando mi apparve, di là dal finestrino, un lontanissimo miraggio di terra inaspettata: frutteti, oliveti, stazzi per le pecore, canali per l'irrigazione degli orti, cavi elettrici, lampioni. Una porzione di mondo ancora contadino, in attesa della modernità.

Era caduto da poco il Muro di Berlino, ma ai libri del nostro vecchio continente preferivo *Il generale nel suo labirinto* di García Márquez: «*José Palacios, il suo domestico più antico, lo trovò che galleggiava sulle acque depurative della vasca da bagno, nudo e con gli occhi aperti...*» Era l'ora del tramonto e la luce accarezzava la cresta degli olivi come avrebbe accarezzato, nel romanzo, la vasca da bagno dove riposava Simón Bolívar. Durò poco più di un attimo, eppure riuscì ugualmente a dirmi che io ero figlio di un altro Occidente e che il tempo nel quale mi spostavo era un labirinto più complicato di un'Europa in subbuglio, più grande di una vita fuori casa.

17
America di parole

Lasciai il quartiere di Lambrate dopo essermi laureato, per trasferirmi in un appartamento che confinava con l'azzurro del cielo, all'ultimo piano di un condominio che sorgeva lungo la direttrice di corso Ventidue Marzo. Cosa fosse accaduto il ventidue marzo me lo ricordavano le bandierine che garrivano in testa ai tram in alcuni giorni primaverili, quando sui marciapiedi comparivano attori in uniformi austriache, cannoni, balle di paglia, sedie e tavoli capovolti. Milano non dimenticava di aver avuto le sue Cinque Giornate e un po' di Illuminismo ogni anno arrivava alla mia nuova abitazione.

L'appartamento aveva un finestrone esposto a occidente, da dove seguire le scie degli aerei appena decollati dalla pista di Linate. Li vedevo salire con il muso puntato verso i romanzi americani, dove un giorno sarei atterrato anch'io, almeno ci speravo. Lambrate era alle spalle, in un oriente indimenticabile ma ormai remoto, e a me bastava battere sui tasti della vecchia Olympia di mio padre per cominciare a respirare un'aria d'America.

Ogni tanto accarezzavo i libri che mi ero portato dietro nel trasloco dal collegio: *Furore* di Steinbeck, *Luce d'agosto* di Faulkner, *La via del tabacco* di Caldwell, *Addio alle armi* di Hemingway. La mia America. Avevo preso l'abitudine di trattarli con la stessa, spericolata imprudenza con cui in collegio mi ero dedicato a montare e smontare l'*Odissea*, quasi avessi tra le mani un orologio da riparare: contavo i paragrafi, misuravo la lunghezza delle frasi, trascrivevo su striscioline di carta le parole a me ignote. Non era che un gioco e a volte, al culmine delle insicurezze narrative, mi alzavo dalla sedia e abbozzavo un passo: dal tavolo al muro, dal muro al tavolo. Camminare non era mettere una gamba davanti all'altra e nemmeno spostarsi dentro la stanza che affacciava sulla piazza sorvegliata dai platani. Piuttosto aggiungere un pezzo di tempo nuovo a un tempo che era già stato, muoversi sulla scia di una voce anteriore.

L'esercizio richiedeva spazio e una stanza cominciava a diventare piccola per i personaggi che avevo in testa. Allora scendevo in strada e camminavo di fianco ai vagoni merci nello scalo di Porta Vittoria. I treni continuavano a scandire le mie giornate anche nel nuovo quartiere e passarci di fianco, respirare l'aria metallica dei binari arroventati dal sole, accelerava il bisogno di trasferire i miei passi sulla carta avvolta intorno al rullo della macchina da scrivere, riportarli nella forma più naturale, senza aggiungere nulla a ciò che ero in quel frangente della mia giovinezza. Ogni frase era un passo, ogni passo un segmento di tempo che dava una parvenza di ordine al mio passato. La scrittura assomiglia a un trasloco, avevo letto in un libro di Claudio Magris. Il campanello della macchina da scrivere mi annunciava la fine della passeggiata.

Del quartiere di Porta Vittoria avevo imparato a conoscere i caffè, i mercati, i negozi di cosmetici e d'abbigliamento. Avevano l'aspetto elegante del centro città, eppure ancora risentivano del vento che muoveva l'erba appena oltre la cintura dei viali dove passavano i filobus. Certe volte mi fermavo in largo Marinai d'Italia a osservare le comitive di studenti che aspettavano il buio giocando a frisbee.

Mi pareva la scena di un film visto in tv. Si ambienta a Central Park, che è come una foresta nel cuore di Manhattan. Gli alberi sono gialli e l'erba ha perduto lo smalto della primavera. Ci sono giovani che ballano, cantano, gridano e due poliziotti a cavallo rallentano per osservarli. Non si capisce da dove venga la musica, ma i giovani si muovono come furie. Indossano jeans, camicie aperte, bandane strette sulla fronte. Hanno barbe e capelli lunghi, sembrano non curarsi dei poliziotti che scompaiono dietro le siepi. Un ventenne in giacca e cravatta osserva a distanza. Viene dalla provincia, porta la giacca, non è abituato all'imprevedibilità della metropoli. La musica è cadenzata, la voce solista è potente e un coro s'infila in mezzo agli squilli di tromba: «*Aquarius... aquarius...*»

Largo Marinai d'Italia, in quei momenti, somigliava al Central Park del film e io al ventenne provinciale. Camminavo ai bordi del prato, evitavo di attraversarlo. Si può anche restare ai margini, pensavo in quei momenti, guardare gli altri vivere anziché vivere di persona.

Gli odori della vita quotidiana arrivavano dai mercati dove andavamo a far la spesa, io e gli amici con cui condividevo l'appartamento, quasi fosse possibile anche a Milano ritrovarsi in una dimensione domestica e non soltanto dentro i colori patinati di una città che in quegli anni celebrava la sua voglia di divertirsi nei locali raffinati del centro, nelle sfilate di moda, nei lussuosi ritrovi fra giovani. Affioravano, questi odori, dalle vetrine delle panetterie o dalle botteghe degli arrotini, dei falegnami, dei fabbri, degli elettricisti, a cui eravamo costretti a rivolgerci quando in casa si rompevano mobili ed elettrodomestici. Non era l'America della Grande Mela, ma quella provinciale e dimessa che si intravedeva nei libri di Sherwood Anderson e che Vittorini aveva chiamato "barbara".

Gli amici che mi stavano intorno mi vedevano battere

sull'Olympia di mio padre, ma non avevano il coraggio di accostarsi. Capivano e non capivano perché io vivessi in quest'atmosfera di svagatezza narrativa e, quando rincasavano, sentivano il ticchettio dei tasti e si avvicinavano a salutarmi.

«Hai trovato la storia?» mi chiedevano.

Non cercavo una storia da scrivere, ma volti su cui fermare lo sguardo: facce intristite e preoccupate, sorrisi senza la ruga di un pensiero, profili accoglienti e sinceri. Uscivo nell'ora in cui chiudevano gli uffici e gli autobus scaricavano i pendolari diretti ai comuni dell'hinterland. Mi piaceva quell'aria di smobilitazione e stavo attento a spiare l'interno dei bistrot, nel tentativo di cercare una di quelle eleganti figure femminili uscite dalla fantasia di Edward Hopper. Ricordo un suo quadro, *Chop Suey*, finito sulla copertina dei *Racconti dell'Ohio* di Sherwood Anderson: ci sono due donne sedute al tavolino di un caffè, i cui abiti hanno la felicità dei giorni luminosi all'inizio dell'inverno. Milano era una città dove Hopper si sarebbe trovato a suo agio. E lo riferivo anche agli amici in appartamento: «Abbiamo la fortuna di vivere in una specie di America.»

Sui muri, in quegli anni, si vedeva una bottiglia di amaro Ramazzotti stesa per il lungo e una scritta: MILANO DA BERE.

Ascoltavo una musica che pareva uscire da una stanza di specchi e cornici in acciaio. L'aveva scritta David Brubeck nel 1959, con una cadenza particolare che gli esperti definivano cinque quarti e che a me invece ricordava il camminare ciondoloni di quei tipi di provincia, un po' spacconi, un po' insicuri, quando si aggiravano davanti a un bar e guardavano chi entrava con la faccia addormentata. David Brubeck sorprendeva tutti indossando il frac. Si presentava così elegante sulla custodia del disco e la sua faccia ti guardava come una specie di James Bond. Il sassofono si intrometteva con un piglio provocatore, come quando un tipo furbo racconta una barzelletta girando torno torno alla storia e fa di tutto per non arrivare mai al punto.

Il brano aveva la caparbietà di un treno che spinge con i suoi stantuffi nel paese del sonno. Io ci arrivavo, in quel paese, non appena piazzavo *Take Five* sul giradischi, nei pomeriggi di inizio estate, quando gli amici andavano via per i fine settimana e l'appartamento restava vuoto. Il sassofono mi accompagnava con la sua metrica, poi lasciava ad altri strumenti il compito di proseguire.

Chiudevo gli occhi, ma non dormivo. Piuttosto cercavo di indovinare il ritmo con cui le bacchette accarezzavano i piatti della batteria, un procedere goffo e cadenzato che evocava il muoversi degli astronauti fra pannelli luccicanti e antenne girevoli. Armstrong aveva camminato sulla Luna muovendo i piedi al ritmo di *Take Five*: questo pensavo mentre la puntina del giradischi percorreva i solchi del vinile. Un passo avanti e due indietro, come un ubriaco. Armstrong era stato il bambolotto più ubriaco della Storia.

Take Five disegnava un corridoio che mi portava oltre il regno dell'Atlantico, nel mondo dove il jazz era il vangelo della vita: accelerava e rallentava, saliva e scendeva, si nascondeva, fino a quando non apparivano i grattacieli di New York. Da quella sua irregolarità iniziavo a capire i segreti di una scrittura che procede per approssimazioni e per difetti, una scrittura americana. Me ne sarei ricordato, come in un capitombolo fortuito, cominciando a scrivere il mio primo libro.

Continuavo a spostarmi con gli autobus da un capo all'altro di Milano. Mi sedevo nella fila in fondo e aspettavo il capolinea. Poi da lì ripartivo verso le destinazioni opposte, il Giambellino, l'Ortica, la Comasina, in un gioco di svelamento con la città che sfilava al di là dei finestrini, nella pioggia, negli odori di frutta, nelle voci di chi saliva e scendeva alle fermate, nel tepore delle stoffe appartenute ai cappotti e alle giacche che erano appena usciti da un caffè pomeridiano. Ammirarla, questa città parallela alle linee degli autobus, era un po' come entrare nelle pagine di un libro.

Qualche domenica raggiungevo le Ferrovie Nord, in piazzale Cadorna, e saltavo a bordo di un treno dall'alone crepuscolare, con i sedili di legno e gli scaldini sotto le panche. Si staccava dalla banchina dopo lo squillo della trombetta che il capotreno scendeva a suonare a ogni fermata – Milano Bullona, Milano Bovisa, Quarto Oggiaro, Novate Milanese –, dopodiché le carrozze uscivano dalla periferia e acceleravano verso nord-ovest.

Erano le uniche gite di quegli anni: andare da zio Tonino e tornarmene con quel sentimento di distacco familiare che mi riportava indietro nel tempo. I discorsi cominciavano sempre dalle circostanze meteorologiche: se c'era nebbia, se erano tornate le zanzare per il caldo, se i tigli lungo i viali erano fioriti. Poi deviavano sul gemellaggio con il Circolo La Torre, di cui ero stato spettatore involontario all'epoca del primo viaggio in Alta Italia. Erano passati una ventina d'anni, ma non l'entusiasmo di zio Tonino: «Il dottor Neri non c'è più, però qui alla Bassetti se lo ricordano ancora tuo padre.»

Rescaldina continuava a essere un'isola industriale in mezzo ai boschi, ma era cambiata nell'aspetto: prima me la figuravo con piste adatte ai pattini, adesso la vedevo circondata da dancing e balere, esattamente come l'aveva raccontata Giovanni Testori nel *Ponte della Ghisolfa*. Da luogo di memorie familiari si stava trasformando in luogo letterario. E c'era del vero in tutto questo. Il treno scivolava sui binari, attraversava paesi, sfiorava passaggi a livello prima di rallentare e fermarsi a Saronno, che era il punto di smistamento verso le direttrici di Novara, Varese, Laveno, Como. I viaggi duravano poco più di mezz'ora, eppure bastava percorrere su e giù le carrozze del treno, incrociare anziani signori, famiglie operaie, ragazzi di periferia, per immaginare una vicenda dai contorni lombardi, sia pure di una Lombardia americana: strade che si perdevano in radure, boschi, insegne al neon.

Era la storia che aspettavo da quando avevo lasciato Lambrate. Cominciai anche a scriverla battendo sui tasti dell'Olympia e gli amici con me in appartamento si mostravano curiosi.

«Hai trovato le donne di Hopper?» chiedevano.

Si avvicinavano a sbirciare i fogli: una coppia di coniugi proprietari di una pompa di benzina, lui più avanti negli anni rispetto alla moglie, lei un'ex cantante di balera che non sapeva resistere alle attenzioni di un meccanico, loro dipendente. Ogni volta che tornavo da Rescaldina, aumentavano i fogli battuti a macchina. I viaggi in treno erano prodighi di parole. Gli amici ormai se n'erano accorti e seguivano le vicende tappa dopo tappa.

«Ci prova o no il meccanico con la moglie del benzinaio?»

Io facevo una smorfia che non voleva dire sì e non voleva dire no. Gli amici rincaravano: «Va' più spesso a Rescaldina. Così possiamo conoscere il seguito.»

Ci tornavo davvero, per ritrovare l'atmosfera che cercavo. E ogni volta ricordavo le parole di Faulkner che mi ero appuntato da qualche parte: «*Di solito inizia tutto con un personaggio e, una volta che s'alza in piedi e comincia a muoversi, non mi resta altro da fare che andargli dietro con carta e penna.*» Dovevo solo cercarli, i miei personaggi, e seguirli. Mi avrebbero portato nel mio libro futuro.

Andai al cinema per vedere *Il migliore*, il film con Robert Redford in giacca di tweed invernale e coppola a quadri. Nella pellicola interpretava un giocatore di baseball dal talento smisurato, a cui la vita aveva riservato promesse per poi rubargli il successo che meritava. I luoghi che scorrevano sullo sfondo della storia di quest'uomo, l'America dagli anni Venti fino al buio della depressione, erano la patria in cui mi sarei voluto trasferire, se le regole del tempo me ne avessero dato la possibilità: una terra che viveva nei contrasti e nei progetti, dove contava la forza ma anche la fortuna.

Ricordo la sensazione che provai all'uscita dalla sala: le luci di Milano accompagnavano il mio scontento, mentre tornavo a piedi verso il quartiere di Porta Vittoria. E ricordo anche quella specie di ossessione che si insinuò nei giorni successivi, quando ripensavo al film, al desiderio del protagonista di essere il migliore. Non era importante che io riuscissi a diventare come lui, ma che trovassi nella macchina da scrivere le parole adatte a sferrare il colpo del mio fuori campo. Trascorrevo i pomeriggi a battere sui tasti, riempivo fogli che poi strappavo e gettavo nel cestino.

Gli amici andavano a riprendere quei fogli, li leggevano in mia assenza. Intuivano le mie preoccupazioni da quanto fosse pieno. Capivano che la storia dei benzinai lombardi non avanzava e fumavano fino a tarda ora per tenermi compagnia, seduti al tavolo di fronte, minimizzavano le difficoltà, provavano a suggerire.

«Che fa il meccanico con la moglie del benzinaio?»

Io scrivevo e appallottolavo. Riempivo pagine su pagine battendo come un forsennato sull'Olympia di mio padre, ma alla fine i fogli sul tavolo rimanevano sempre quelli. La storia dei benzinai lombardi assomigliava a una barca senz'acqua. Due voci mi parlavano dentro. Una mi consigliava di scendere in strada, confondermi con i passanti e respirare la vita che stava intorno a loro. Un'altra mi diceva di non farlo, come se per scrivere io non dovessi contaminarmi con il grigio quotidiano in cui si consumavano i giorni nell'appartamento in corso Ventidue Marzo.

Gli amici a questo punto non capivano.

«Una gita in montagna» proponevano. «Un po' d'aria buona e ti tornano le parole.»

Le parole invece restavano prigioniere della macchina da scrivere e la mia reazione in quei momenti era cercare mia sorella, che abitava a qualche isolato di distanza.

«Che mandano a dire da casa?» chiedeva lei.

«Saranno contenti di saperci qua.»

Non sospettava le mie difficoltà e io facevo di tutto per farle credere che Milano fosse la città adatta alle sue ambizioni di ragazza. Restavamo in silenzio per un po'. Non credevo possibile che dopo tanti anni lei riemergesse da un tempo in cui era stata assente rispetto alle mie paure.

Voglio chiamare Quasimodo il fantasma che tormentava le mie giornate nell'appartamento in corso Ventidue Marzo quando sedevo di fronte all'Olympia e il foglio rimaneva bianco. Qualche settimana prima di trasferirmi a Milano, nei giorni in cui aspettavo conferma dal collegio dove sarei andato ad abitare, avevano trasmesso un film in tv. Protagonista era un aspirante scrittore che si aggirava nelle stanze grigie della vecchiaia domandandosi il motivo del suo fallimento. Ogni tanto si rivolgeva alla moglie, una donna vispa e intelligente, cercando un perché così difficile: glielo chiedeva con insistenza e più domandava, più cresceva intorno a lui la zona opaca del suo tempo, tanto che anche il loro matrimonio era entrato nella fase in cui entrambi erano tornati a sentirsi due estranei come lo erano all'inizio della loro storia. A un certo punto alla moglie era sfuggita di bocca una risposta che aveva il sapore di una condanna: tu non hai scritto, gli aveva detto, perché non avevi niente da dire.

Quest'uomo assomigliava a Salvatore Quasimodo: fronte stempiata, capelli sulle orecchie e sulla nuca, baffetti. E Quasimodo fu il nome che diedi al fantasma del fallimento contro cui cominciai a combattere non appena mi entrò in testa il tarlo di scrivere. In lui, in quello che la sua immagine rappresentava, tornava a manifestarsi l'antico male del silenzio: non più l'incapacità di parlare, ma l'immenso buco nero che mi impediva di battere a macchina.

Quasimodo mi aspettava a ogni pagina infilata nel rullo dell'Olympia e anche quando passai ai sofisticati strumenti della videoscrittura la sua faccia mi fissava da dentro il monitor.

«Quasimodo non mi abbandona mai» dissi una volta ad Annalisa, che abitava ancora a Napoli. Avrei voluto parlarle per esteso di questo Quasimodo, dirle che la mia vita era stata un continuo cercare l'acqua, ascoltare la pioggia. Volevo farle il riassunto di ciò che ero stato fino al giorno in cui avevamo incrociato i nostri occhi, un riassunto a saltelli, senza soffermarmi sui dettagli, ma i gettoni scendevano troppo veloci nel telefono in cabina. Annalisa rimaneva un po' spaventata dai miei discorsi.

«E se non vincerai contro Quasimodo?» era la sua reazione.

Nella sua domanda passava il lampo di una paura.

Cos'avrei fatto se non fossi riuscito nella scrittura?

18

Apologia dei colori

Cominciai a collaborare con un centro di ricerca dell'Università Cattolica, in cima a una scala che si inerpicava fino al lungo corridoio dal tetto spiovente, da dove si vedevano le tegole e gli abbaini. Ci andavo il venerdì pomeriggio, quando le aule erano deserte e il tempo era scandito da un fermacarte a forma di dado che bisognava aggiornare mattino dopo mattino. Non avevo un incarico specifico, se non quello di tenere aperta la segreteria, nell'eventualità fosse salito qualche studente a chiedere informazioni, e poi tutto finiva nell'ora in cui le campane battevano le sei. Certe volte veniva ad affacciarsi un giovane ricercatore di origini marchigiane, elegante, sorridente, sempre pronto alla battuta: «Scrivere un libro è come trasportare l'acqua con le orecchie.» Non sapeva che io combattevo contro il fantasma di Quasimodo.

Il centro aveva le finestre che affacciavano sull'abside di Sant'Ambrogio e pareva non essere nel cuore di una città industriale, ma nel Medioevo di un Appennino malinconico e borghigiano da cui non mi ero mai del tutto separato. Un po' mi sentivo privilegiato: ero dentro un'isola di mattoni antichi, eppure bastava varcare l'uscita per sentirmi al cospetto di una modernità che si specchiava nelle vetrate dei grattacieli e che io stavo inseguendo in una gara di stupore incredulo. Il fatto stesso che quel luogo avesse un nome patriottico – Letteratura e cultura dell'Italia unita – mi indicava la via per credere in un passato senza nostalgie e ripensamenti, costruito con gli strumenti dell'Illuminismo di cui parlava mio padre.

I primi mesi di collaborazione li trascorsi leggendo *I fuochi del Basento* di Raffaele Nigro, un romanzo pubblicato da Camunia, a Milano, che narrava di un'inquietudine politica negli anni prima dell'unificazione risorgimentale. Che strano, mi dicevo, frequento un luogo intitolato all'Italia unita e mi sento attratto da un libro sui briganti.

Raffaele Nigro l'avevo conosciuto con la barba nera e folta qualche anno prima. Era un pomeriggio di inizio autunno e lui era venuto a bussare a casa di mio padre per ricevere ricordi, racconti, suggestioni che riguardassero l'attività del Circolo La Torre. Stava lavorando per ricostruire quel che era avvenuto in Lucania negli anni Sessanta, al tempo in cui gli uomini emigravano a Milano per vestire la tuta blu da operaio.

Purtroppo i documenti che cercava si trovavano dentro pacchi accatastati in un deposito lontano da casa e le condizioni di salute di mio padre gli impedirono di consultarli. Nigro se ne andò a mani vuote e io lessi nei suoi occhi un po' di rammarico. Era magro, imbronciato, forse indispettito e un poco, lo confesso, lo ero anch'io, tant'è che poi, diventati amici, ho cercato di rimediare a quell'incontro autunnale, finito troppo presto con un no incolpevole. Quando seppi che era lui l'autore di un romanzo così celebrato in Lucania, mi convinsi della mia prima impressione: quell'uomo era uscito dalla mente di Dostoevskij, i suoi occhi frugavano in un sottosuolo ancora inesplorato, nebuloso e inspiegabile. La fiducia che lui nutriva nelle parole sarebbe stata l'unico strumento adatto a vegliare l'anima di una Lucania confinata nel letargo di una modernità ancora da raggiungere.

In una bacheca dell'università era appeso un manifesto di colore verde che annunciava un premio per un racconto inedito. Recava l'intestazione del comune di Teramo e i nomi della giuria erano Carlo Bo, Michele Prisco, Mario Pomilio. Ce n'erano altri, ma non li ricordo. Pomilio era l'unico con cui avevo una certa familiarità perché era stato invitato dal Circolo La Torre a presentare *La compromissione*, la storia di un intellettuale comunista che sposava la figlia di un democristiano.

In casa mia era rimasta una memoria sbiadita di lui. Quando me lo ritrovai di fronte, durante la cerimonia del premio, vecchio e con le mani aggrovigliate da una malattia che gliele rendeva simili a tronchi d'olivo, fui tentato di chiedergli se si ricordava di mio padre. Non lo feci e lui non me lo domandò. Piuttosto pensai al racconto che avevo scritto, a com'erano uscite le parole dalla vecchia Olympia, veloci come se le tenessi da tempo a mente, sotto lo sguardo degli amici increduli, che ormai si erano rassegnati a subire le combinazioni rumorose dei martelletti.

Alla fine della cerimonia presentai a Pomilio mio padre, seduto tra la folla. Si salutarono come se il tempo non fosse passato e il dialogo fosse rimasto agli anni della *Compromissione*. L'incontro non ricucì la distanza. Era giugno. Le rondini impazzivano nella luce del tramonto e il corso che tagliava in due Teramo era lo stesso dove forse Pomilio aveva immaginato le escursioni che la figlia del democristiano si concedeva prima di andare in sposa all'intellettuale comunista: un viale consumato dall'afa che sfumava verso i campi di stoppie, sullo sfondo dei palazzi. Il vecchio senso di colpa – l'aver sottratto la Parker 51 al bugigattolo di mio padre – si presentava in tutta la sua incomprensibile ambiguità. E sarebbe stato parte di me.

Che Milano fosse la città dei libri me lo ricordava, a ogni mio arrivo in treno, il neon rosso con la scritta RUSCONI, in via Vitruvio. L'autobus che la sfiorava, passandoci sotto, confermava che solo in via Vitruvio avrei potuto camminare su un tappeto di fogli bianchi, come su una promessa. Rusconi era un editore che parlava di Dio, questo lo sapevo. La spiegazione mi convinceva e mi ripromettevo di andare a bussare, prima o poi, non appena fossi stato convinto che era arrivato il momento. Sarebbe stato come un gran temporale che aspetta la luce del lampo prima di scatenarsi, poi la pioggia avrebbe vinto l'inerzia del foglio bianco.

Gli amici avevano afferrato che c'era aria di cambiamenti.

«Il racconto per Teramo ti è venuto bene» mi dicevano. «Devi solo continuare.»

Il libro che avevo in mente non riguardava più i benzinai lombardi. Qualcos'altro si stava formando nella mia testa, anche se ancora nebuloso. Aveva ragione mia madre: il segreto era nell'acqua.

«Ascolta la pioggia» mi raccomandava per telefono. «Ti porterà dove tu desideri.» Ed era giusto che fosse lei a farmi questo augurio perché non aveva mai smesso di avere fiducia nelle viscere di Milano, dove dormiva un giacimento di alfabeti sommersi.

La città era come se aprisse le braccia per proteggere le mie paure, aveva la forma di una chiocciola che si allarga, bastava solo che seguissi il corso dei navigli interrati. Allora cominciai a cercare l'acqua nascosta sottoterra. Percorrevo corso Monforte, sbucavo a Porta Volta, mi affacciavo sulla Martesana e alla fine di questi tragitti, quando tornavo nell'appartamento confinante con il cielo, strimpellavo sull'Olympia. Non sapevo dove mi avrebbero portato le dita sui tasti, ma l'acqua aveva svegliato le parole. Piano piano, canale dopo canale, sarebbero arrivate sul foglio.

Annalisa si trasferì a Milano lasciando l'azzurro del lungomare Caracciolo, a Napoli, dove aveva studiato, per venire a respirare l'aria lattiginosa della pianura. Aveva pochi vestiti in valigia e un libro, *Cent'anni di solitudine*, che le era stato regalato il giorno della sua laurea: un volume dalla sovraccoperta gialla e con una specie di finestra al centro, da cui si affacciavano alberi tropicali e uccelli dalle piume esuberanti. Quel libro finì su uno dei ripiani della casa dove andò a vivere, in una via laterale rispetto a corso Buenos Aires. Il dorso imponente e il formato cartonato lo rendevano solido anche se poco maneggevole, in grado di suscitare sorrisi nei pomeriggi del suo primo autunno milanese.

«Sei tornata dal Sudamerica?» chiedevo io quando la vedevo riemergere dalla lettura.

Annalisa non accennava un sì, però si capiva che le escursioni nel territorio di Macondo erano state di suo gradimento e che l'indomani, se avesse avuto tempo, ci sarebbe tornata. Certe volte avevo l'impressione che l'America fosse il luogo dove lei aspettava di andare a vivere: non la grande metropoli che piaceva a me, ma i quartieri a colori di una geografia soggetta ai venti.

Io mi tenevo lontano dalla Macondo che lei visitava non appena la luce del tramonto riverberava sulle cime dei tigli e, quando il libro era tutto solo, sul ripiano, mi avvicinavo ad accarezzarlo: lo aprivo, andavo qua e là a beccare una parola, come una gallina impaziente e inappagata. Nessuno mi impediva di leggerlo, ma una forza respingente continuava a dirmi che me ne dovevo appropriare a piccole dosi, in bilico sul silenzio e niente più. Era il fantasma di Quasimodo, lo spettro del mio fallimento.

«Qualcosa ti fa paura» diceva lei.

Non glielo confessavo, ma tutto mi faceva paura. Il silenzio si travestiva di pagine strappate ed era lo stesso che si allargava sopra di lei e sopra di me, nell'indefinibile colore che si chiama indaco, quando ci spingevamo fino alla Darsena, da dove cominciavano i corridoi d'acqua che tanti secoli prima Leonardo da Vinci aveva immaginato come un mare smemorato e malinconico, avventuratosi troppo ingenuamente dentro la pianura fino a perdersi tra le chiuse e le rogge. In quel cielo, in quella tinta chiaroscurale esisteva il domani che si apriva ai desideri e c'erano la ricchezza delle utopie e il seme della speranza. Poi anche il nostro parlare restava appeso al filo invisibile di un tempo che apparteneva a entrambi, comune e interiore.

In occasione di un mio compleanno Annalisa mi regalò un Borsalino dal profilo newyorkese, come quello di Robert De Niro in *C'era una volta in America*, e lo fece per ricordarmi che erano gli Stati Uniti la patria letteraria su cui puntare gli occhi. Un poco ci credevo a questo Borsalino, specie quando, indossandolo, sentivo il richiamo di una lingua che non conoscevo – un dizionario immaginario, astratto nella pronuncia – ma che aveva il sapore di una vittoria a portata di mano, un traguardo sfiorato lungo i viali in cui lei e io passeggiavamo la sera, stretti nel bisogno di non sentirci isole in una città che aveva l'acqua sotto i nostri piedi.

«Con questo cappello troverai la strada» mi diceva. «È di una tinta americana.»

Milano, per me, non era più la città degli zii emigranti e nemmeno quella degli studi, ma un pezzo d'America che aveva deciso di abbandonare l'Atlantico per trapiantarsi nel cuore della pianura. A questa verità sarei arrivato passo dopo passo, sfiorando gli edifici di vetro e cemento in via Vittor Pisani, e nella logica esatta di quelle geometrie si sarebbe concluso per sempre il mio addio alla civiltà contadina.

Senza volerlo, sentivo di appartenere a due nazioni d'oltreoceano: una aveva come capitale New York, l'altra era un villaggio di nome Macondo. Io guardavo verso New York, Annalisa verso quel continente di coste e mari che possedeva i contorni favolosi delle foreste tropicali. Era lei che mi ricordava il Sudamerica, il bruno della sua pelle, i capelli scuri, lei che poteva essere sbucata fuori da un libro di Márquez, lo scrittore da cui era così attratta che presto si sarebbe messa in cerca dell'altro grande romanzo: *L'amore ai tempi del colera*.

Lo scovai sugli scaffali di un supermercato, in un'edizione poco costosa, con la copertina ravvivata dalla sagoma di un battello fluviale che esponeva una bandiera gialla. Il giallo era ormai diventato il colore della scrittura di Márquez che io continuavo a frequentare attraverso i riassunti di Annalisa.

«Florentino Ariza ama Fermina Daza» attaccava lei, «ma Fermina Daza è sposata con il dottor Juvenal Urbino.»

«E allora come va a finire?»

Passava qualche giorno e lei aggiungeva: «Juvenal Urbino è morto e Florentino Ariza si è fatto avanti.»

«Con Fermina Daza?» chiedevo io.

«Con Fermina, con Fermina.»

«E bravo il nostro Florentino.»

Quando il libro stava al suo posto, sulla libreria, ripetevo la liturgia di *Cent'anni di solitudine*: un occhio alla copertina, l'altro alle frasi... Il battello con la bandiera gialla mi spalancava un orizzonte a cui non ero ancora abituato. Trascorrevano alcuni giorni e il dialogo riprendeva.

«Florentino ha proposto a Fermina di fare un viaggio.»

«E per dove?»

«Da nessuna parte. È una scusa per stare soli loro due.»
Continuavo ad ammirare la bandiera gialla che sventolava sulla copertina. Avrei dovuto leggere il romanzo per sapere come mai garrisse sulla poppa del battello, ma non lo facevo. Annalisa era reticente, non dava soddisfazioni: si divertiva con le anomalie amorose di Florentino Ariza e non diceva di quale epidemia raccontasse Márquez, né dove finisse la navigazione del battello. Con il trascorrere delle pagine, più si inoltrava nella storia dei due amanti, più sembrava avvicinarsi a un tipo di donna pomeridiana che vive nel silenzio della controra.

Al tramonto mi affacciavo al balcone che dava su un viale percorso dai tram. Sentivo lo sferragliare delle ruote, vedevo le bandierine ai lati delle scritte che indicavano il capolinea: via Monte Velino, piazzale Negrelli, piazza Fontana, stazione Lambrate. Ecco qua, mi dicevo, la mia Lambrate. Quei tram erano di un arancione sbiadito e davano l'idea di piccoli battelli. Non avevano acqua su cui scivolare, ma i binari arroventati dall'estate brillavano come mari al tramonto. A mia insaputa stavo attraversando anch'io il Sudamerica.

La vecchia Olympia, la macchina da scrivere di mio padre, mi aveva accompagnato nel mio girovagare per Milano e, anche se dal rullo non era venuto ancora fuori il libro che aspettavo, era stata una voce della mia preistoria. Con l'Olivetti elettronica cambiava il procedere delle dita sulla tastiera.

«Come ti trovi?» chiedeva mio padre al telefono. Rispondevo a monosillabi e lui mi precedeva: «Appena ti abitui, prenderai la discesa.» Non aveva approvato la scelta, però mi aveva lasciato libero di compierla, sperando anche lui che io trovassi la strada delle parole. «Segui l'acqua e non preoccuparti.»

L'acqua che seguivo lungo i navigli interrati mi portò

una domenica mattina alla chiesa di Santa Maria del Carmine, al centro di una piazzetta di basole e ciottoli che si apriva alle spalle del quartiere Brera. Apparteneva ai padri scalabriniani, la compagnia di religiosi che aveva assistito gli emigranti italiani negli Stati Uniti alla fine dell'Ottocento. Quel mattino era prevista una conferenza di Annibale Del Mare, un giornalista che era stato ospite in uno dei convegni del Circolo La Torre. Il nome me l'aveva suggerito mio padre: «Annibale Del Mare conosce l'America come nessun altro.»

In effetti parlò di oceani e bastimenti come se raccontasse i fatti di casa sua. Descriveva palmo a palmo Ellis Island e ogni tanto leggeva qualche frase da un libro che teneva in mano, breve e dalla copertina azzurra. Mi colpì il titolo: *Il lusso di sognare l'Italia*. Doveva aver girato parecchio nei luoghi dov'erano vissuti gli italoamericani, l'età non gli aveva sottratto la determinazione, solo un po' di memoria. Quando gli parlai del paese dov'ero nato, quando gli dissi che si era incontrato con mio padre, finse di ricordarsi, ma il suo era un sì spaesato. Si limitò a profetizzare: «Lei ha un romanzo nell'anima e non lo sa.»

Forse aveva ragione: avevo un libro americano dentro, ma di un'America newyorkese.

Sposai Annalisa in una stagione che poco mi aiutava a capire quale senso avesse avuto andare via di casa per approdare nella città dove nascevano i libri. Mi sforzavo di comprenderlo, questo senso, come se non fosse bastato arrivare dall'Appennino per trovare una terra definitiva. Troppe domande si erano ammonticchiate senza che io fossi capace di rispondere. Anzi, quando nacque mia figlia, una notte piovosa di settembre, io la guardavo, questa bimba minuscola che il dottore mi aveva affidato, ancora sporca del sangue della madre. La guardavo e le parlavo senza parlare, avvolto nel camice ospedaliero: ecco, sono tuo padre, le dicevo con il pensiero, ma non sono ancora arrivato a sentirmi pronto per essere padre.

Il dottore mi scoprì perplesso e assunse un'aria gentile: «Su con la vita giovanotto, si diventa padri per la prima volta una sola volta.» Accidenti che filosofo, pensai. E barcollavo intontito con mia figlia in braccio: sei riuscita a prendermi alla sprovvista, continuavo a dirle guardandola negli occhi che lei teneva ancora chiusi, mi hai colto di sorpresa e non sono ancora adeguato a te.

Mia figlia non aveva colpa d'essere nata, così come non aveva colpa Annalisa di essere comparsa in un momento della vita in cui mi trovavo fermo a un bivio di indeterminatezza. Nemmeno io avevo colpe, eppure sapevo che avrei stentato a trovare il mio posto fino al giorno in cui non avessi avuto un libro tutto mio tra le mani: il mio libro, quello che cercavo di scrivere da quando ero nato e per il quale avevo abbandonato il mio Appennino. Al posto di *quel libro* adesso mi trovavo fra le braccia mia figlia, il mio futuro di carne. Passò un'infermiera: «Su con la vita», e me la tolse di mano.

La scena si ripresentò tre anni dopo, quando nacque la seconda figlia. Stavolta era maggio, non settembre, un pomeriggio afoso, ma fu uguale nella procedura e nel rito. La bimba era diversa dalla sorella, più chiara di carnagione, più lunga di gambe, e veniva a completare ciò che la prima aveva cominciato, a riempire il vuoto della mia imperfezione. Guardavo lei, l'altro futuro di carne, quando l'ostetrica me la mise in braccio, e io di nuovo con il camice ospedaliero addosso e l'impaccio di non saperla tenere: stringo troppo, stringo poco, le faccio male?

«Su con la vita» disse lo stesso medico di allora. Credo che mi avesse riconosciuto.

La bimba mi fissava. Anche a lei rivolgevo le parole del

mio scontento: sono tuo padre, ma ancora in viaggio per diventare uomo. Due strade mi si disegnavano davanti: fingere di capire che ero diventato padre o fuggire per dimenticare. Delle due scelsi la prima – finsi di capire che ero diventato padre – e fu tutto quel che rimase.

19

L'ultima preistoria

Varcai i cancelli del Lingotto, a Torino, nei primi anni Novanta e le bandiere, che quel giorno sventolavano, mi diedero la sensazione di una festosa ricorrenza perché gli edifici di fronte a me, rettangolari come finestre capovolte, avevano ospitato le automobili su cui aveva viaggiato l'Italia durante il secolo che ci stava lasciando. Ero lì per seguire un convegno dove si sarebbe discusso di quella letteratura collegata all'industria. Al centro del tavolo, tra i relatori, Cesare De Michelis inforcava gli occhiali per osservare gli uditori, poi se li sfilava e abbassava lo sguardo su foglietti quadrati, simili ai bloc-notes cuciti da mia madre, su cui scivolava la sua minuscola grafia. La pagina finiva e lui voltava il foglietto con un ritmo che seguiva le curve della voce, quel tipico procedere veneziano per stradine soffocate dall'umido, in lotta con il labirinto di quella città insidiosa. Questo mi sembrò il suo parlare: un itinerario tra le acque. E alla fine, quando si alzò tra gli applausi, mi presentai al suo tavolo.

«Sono uno che vuole scrivere» gli dissi senza troppe cerimonie.

Cesare, da vicino, era più imponente di quanto apparisse da lontano. Sapevo di parlare con un uomo il cui nome veniva celebrato nelle accademie e questo forse rese la camicia che indossava di un azzurro limpido e senza ombre, un azzurro tutto luce e intelligenza. Lui fraintese la mia distrazione e si limitò a darmi un consiglio, di sfuggita: «Devi trovarti un padrino.» Disse proprio così: "padrino". E la parola mi infastidì a tal punto che non riuscii a chiedere cosa intendesse.

Rividi Cesare qualche anno dopo, a Firenze, per un'altra conferenza, e mi parve ancora più inarrivabile in altezza. Stavolta parlava del suo mestiere, ma lo faceva ricorrendo a un cifrario da favola: l'editore, diceva, è un individuo destinato ad aspettare sulla riva del mare i manoscritti infilati in bottiglie e gettati al largo; appena ne arriva una la stappa e la annusa come si fa con il vino, se il manoscritto è di buona fattura lo pubblica.

Aveva lo sguardo di un prestigiatore che sa di stupire il pubblico, sembrava convinto del suo ragionare eretico e io pensai: sicuro è un illuminista. E lo immaginai vestito come Goldoni: giamberga con martingala, brache alle ginocchia e scarpe con fibbia. Nemmeno allora mi venne il coraggio di chiedere: perché un padrino? Mi augurai di rivederlo sulle rive del suo mare.

Avevo un dattiloscritto pronto per essere lanciato nell'ignoto di una bottiglia in mare, poco più di centinaio di fogli battuti a macchina che cominciai a spedire agli indirizzi trovati fra le pagine dell'Agenda letteraria che mi regalava il Club degli Editori. Ogni casa editrice specificava presidenti, direttori di collana, funzionari, per cui mi veniva facile, nelle lettere di accompagnamento, cominciare con un «*Caro Editore*», con tanto di nome e cognome. Spedivo le buste agli indirizzi e attendevo. Ci sono due bimbe che sono venute al mondo, mi ripetevo, non possono crescere tra le braccia di un padre che aspetta di diventare uomo.

Qualcuno dei destinatari non rispondeva, qualcun altro abbozzava parole di circostanza: «*Gentile Autore, abbiamo letto...*» Avevano letto, ma il mio libro non rientrava nelle linee editoriali.

«Da dove passano queste linee editoriali?» chiedevo ad Annalisa. Le immaginavo come binari di una ferrovia abbandonata in mezzo ai cardi: ecco le linee editoriali.

«Devi aspettare» mi incitava ogni tanto mio padre quando ci sentivamo per telefono. «Ci vuole pazienza.»

Ci voleva pazienza, d'accordo, ma nel frattempo Milano mi stava tradendo. Passavano i mesi, gli anni. Io credevo ai dattiloscritti che navigavano nel mare, credevo alla fortuna di una telefonata che annunciava la pubblicazione e ora invece mi stavo piegando alla logica di quel termine – "padrino" – che avrebbe spalancato il sipario, un po' furtivamente. Sono partito dall'Appennino per approdare a una città d'acqua, mi dicevo, non basta aver infilato i fogli in una bottiglia?

Guardavo la più piccola delle mie figlie che camminava a quattro zampe, guardavo l'altra che si divertiva a tirare la corda a un pagliaccio. Mentre le ammiravo, specchiavo nel loro candore i fantasmi delle mie imperfezioni.

Scorrevo la lista degli appuntamenti sul *Corriere della Sera*: biblioteche, associazioni, librerie, ovunque ci fosse qualcuno che valeva la pena conoscere, mi segnavo i nomi come su una lista della spesa. Vado a trovarmi un padrino, avrei voluto dire ad Annalisa nel salutarla. Mi appostavo in fondo alle sale dove si tenevano le presentazioni per meglio analizzare la fisionomia dei relatori: quello può essere un padrino, mi ripetevo, proprio lui. E tentavo di capire se fosse bendisposto. Mi avvicinavo senza troppe cautele, come avessi avuto di fronte gli intellettuali che venivano a casa dei miei genitori. Non chiedevo mai: vuole farmi da padrino? Piuttosto se avesse la pazienza di leggere qualcosa che avevo scritto. Riuscii ad avvicinare Giuseppe Pontiggia, Alberto Bevilacqua, Fernanda Pivano, Gina Lagorio, Carlo Castellaneta. Le risposte erano sempre uguali: «non ho tempo», «sono afflitto da mali», «sto lavorando».

Ricordo Daniele Del Giudice e Gianni Celati – il primo elegante, il secondo con camicia a quadri e giacca di velluto –, entrambi a fare da spalla a Richard Ford che presentava i racconti di *Incendi* alla Feltrinelli di corso Buenos Aires. Avvicinai anche loro e poco mancò che mi rivolgessi perfino allo scrittore statunitense, ancora così giovane, ma già con una fronte senza capelli. Ricordo Gina Lagorio che mi fece una carezza sulla guancia: «Ragazzo mio, non ti posso aiutare.» Ricordo Fernanda Pivano nel pieno di una festa in piazza San Babila, dopo aver parlato di Jack Kerouac ubriaco, singhiozzante per la commozione, che a malapena riuscì a rispondermi. Giuseppe Pontiggia invece mi ascoltò dondolandosi sulle gambe, chiese di mandargli il dattiloscritto a casa e poi mi telefonò, qualche settimana dopo, gentile e con il vocione spezzato dall'affanno, per dirmi che non avrei avuto difficoltà a trovare un editore che mi pubblicasse.

Non avrei avuto difficoltà se tutti i padrini avessero fatto i padrini, gli volevo rispondere.

Nel frattempo si inaugurava a Torino il rito primaverile del Salone del Libro e io ci andavo con Annalisa come si va a un santuario. La liturgia si celebrava sotto le lampade azzurre del Lingotto, ma era una babele dove a malapena riuscivo a distinguere la mia dalle altre voci.

Sebastiano Vassalli, in un accaldato pomeriggio, portava con disinvoltura due magnifici mustacchi dall'aria riservata e severa, aveva lo sguardo sornione di uno abituato al silenzio delle risaie, di cui amava circondarsi. Quel silenzio conteneva la sua scrittura, dettava il ritmo delle parole sulla carta: pacato, mai irruento, di dolce asprezza. Non lo sapevo, ma quei baffi neri sarebbero entrati nella geografia della nostra amicizia, facendo di lui, per me che venivo dall'Appennino, lo zio con baffi di pianura. Quando gli chiesi se potevo inviargli un dattiloscritto, si strinse nel cardigan color écru e fece cadere dall'alto dei suoi baffi la risposta: «Quel poco che mi resta da vivere, vorrei dedicarlo alla mia opera.»

Un'altra volta, sempre a Torino, intravidi un anziano signore in uno dei corridoi tra gli stand. Lo riconobbi, lo raggiunsi, gli posi la stessa domanda.

«Lei ha idea con chi sta parlando?» mi chiese l'anziano signore.

«Con Giulio Einaudi» risposi io. Stavo parlando a tu per tu con l'uomo con cui avevano discusso Cesare Pavese, Elio Vittorini, Italo Calvino. Era come aver toccato il mantello degli dèi.

«Lo sa che per ottenere un colloquio con me occorre fare anticamera?» Me lo domandò a bruciapelo negli attimi in cui durò l'incontro. Dovevo fare anticamera anch'io, era vero, ma avrei voluto dirgli: le mie figlie crescono e io continuo a sentirmi incompiuto al loro cospetto.

La mia avventura in cerca del padrino stava collezionando troppi *avrei*, *sarei*... Preferii salutarlo senza stringergli la mano. Era un dio e un dio non si tocca.

Raffaele Crovi si dichiarò senza esitazione disposto a leggere qualche mia pagina. La sua curiosità nel fiutare talenti era una caratteristica ereditata da Vittorini, di cui era stato allievo al tempo della collana dei Gettoni, per poi diventare collaboratore della rivista *menabò*. Ero impreparato quando mi diede l'indirizzo della sua casa editrice.

«Ha preso nota?» chiese scandendo bene le sillabe. «Via Cenisio 81. Ha capito bene? La vedo distratto.»

Crovi aveva due braccia da fabbro e una corporatura da oste, ma non erano i capelli tagliati a spazzola ad attribuirgli l'aria da maestro, piuttosto una voce che gracchiava e metteva soggezione più della statura di De Michelis. Quando ci trovammo la prima volta l'uno davanti all'altro, al Pac, in un pomeriggio di afa milanese, fui sicuro di parlare con un artigiano dell'Appennino anziché con uno dei più importanti editori italiani.

Si era appena conclusa la cerimonia del premio Montblanc, di cui Crovi era giurato. Avevo inviato il mio dattiloscritto e alla vigilia della premiazione non avevo fatto altro che ripetere a memoria l'incipit del mio libro in concorso: «*Io vorrei raccontare di quando ero ragazzo e me ne andavo con le mani nelle tasche a vedere le montagne che si affacciavano dai tetti...*»

Annalisa partecipava a quel rito festoso e mi dava forza: «Stavolta ne vincerai una.»

Si riferiva alla Montblanc. Mi fermavo ad ammirarle ogni volta che le nostre escursioni ci spingevano sotto i portici di corso Vittorio Emanuele, dove luccicava la vetrina del negozio Ercolessi. Gli addetti al banco si ricordavano di me quando mi presentavo per rettificare il pennino della Parker 51, la penna rubata a mio padre, e mi dicevano: «La sua stilografica è un pezzo da museo, perché non compra una Montblanc?» Speravo nel premio che me ne avrebbe regalata una.

Al Pac Crovi aveva due occhiali fin troppo severi, scuri e spessi come fondi di bottiglia, che gli dilatavano le pupille trasformando il suo sguardo in quello di uno spaventapasseri innamorato del bel tempo.

«Segni bene: via Cenisio 81» ripeteva.

Era l'indirizzo della casa editrice Camunia, un nome dalle sfumature favolose, con cui Calvino avrebbe potuto chiamare una delle sue città invisibili. Passavo davanti al portoncino d'ingresso quando andavo in visita dai miei zii, a Rescaldina, e ogni volta alzavo le mani in aria per accompagnare il mio saluto: «Camunia, arrivo!» Per un certo periodo i libri di Camunia vennero stampati proprio a Rescaldina. Vedere sul colophon il nome della località dove risiedevano persone di famiglia mi sembrava un segno del destino.

Crovi non sapeva ancora che era stato Cesare De Michelis a mettermi involontariamente sulle sue tracce, facendomi sperare che potesse essere lui il mio padrino, e nemmeno immaginava che io avessi il fantasma di Quasimodo fisso davanti agli occhi e il dubbio di sentirmi una persona al bivio di due strade: che fine avrebbe fatto il narratore che viveva dentro di me se fossi entrato come ricercatore all'Università Cattolica? Quando glielo chiesi, rispose che un narratore, per diventare bravo, dev'essere onnivoro. Usò esattamente questo termine: onnivoro. E aggiunse: «Caro Lupo, non pensi alle sciocchezze *naïf.*» Pronunciò almeno quattro *effe* nel finale di *naïf*, come faceva quando intendeva dare enfasi alle sue opinioni aiutandosi con parole forestiere. Nel tempo gli avrei sentito pronunciare infinite volte il termine *délabré* per descrivere alberghi da favola e ora decaduti, *tout se tient* quando metteva il punto a un ragionamento.

Gli spedii il dattiloscritto e un mese dopo mi arrivò una lettera: «*Caro Lupo, nel suo libro c'è lirismo di maniera e retorica di buoni sentimenti.*» Però poi aggiunse al telefono: «Appena le viene un'idea, venga a parlarne con me.»

Non era la prima lettera di rifiuto che ricevevo, però questa almeno apriva uno spiraglio. Alzai subito la cornetta per chiedergli un appuntamento e ricevetti un decalogo di precetti: «Legga Boccaccio, legga Manzoni, legga i numeri del *Belpaese.*» Il *Belpaese* era una rivista che stampava Camunia, dieci numeri come il *menabò*: Crovi si sentiva l'erede di Vittorini.

«Caro Lupo, la strada della scrittura è un esercizio per atleti in salita.»

Crovi emetteva sentenze anziché parlare. Esordiva sempre con quel «Caro Lupo», che un po' mi pareva adatto al compatimento, ma lo pronunciava come avesse davanti un banchetto di biancheria intima, che era il mestiere praticato da suo padre, venditore ambulante nei mercati.

Tornai alla carica durante una serata che la Famiglia Legnanese aveva organizzato per festeggiare Crovi, fresco vincitore del premio Campiello con *La valle dei cavalieri*. C'era nebbia e, quando lui mi vide, parve incuriosito dai fogli che stavo per affidargli. Diede un'occhiata frettolosa: «Gliel'ho già detto: quando ha un'idea, venga a discuterne con me.»

Cominciò un'interminabile sequenza di telefonate che finivano nell'apparecchio di via Cenisio 81. Ogni volta una voce femminile riempiva la cornetta di «no» pronunciati con tono seccato: «Crovi è in riunione», «Crovi non è in casa editrice». Augusta Tosone, l'assistente editoriale, mostrava i galloni da segretaria, salvo poi rivelarsi dal vivo una donna minuta e gentile, perfino facile alla commozione. Quando fui convocato in via Cenisio 81, mi fece segno di varcare la soglia di una stanzetta assediata dai libri, dove lui, Crovi, stava seduto al tavolo come un re su un trono di carta.

«Voi meridionali dovete guardare lontano per narrare in pace il vostro mondo» esordì tanto per mettere le cose in chiaro. Poi aggiunse: «Ce l'hai questo progetto?»

Era passato dal lei al tu nello spazio di una conversazione, segno di una severità che soltanto il colore delle lenti continuava a manifestare. Ma si trattava di un rigore apparente, una disciplina che si stemperava non appena ci si trovava intorno a un tavolo da ristorante e Crovi si sbottonava i polsini della camicia, si rimboccava le maniche fino a metà braccio e cominciava la sua battaglia con il cibo.

«Ricordati questo» raccomandava mentre era indaffarato con piatti e vassoi, «la scrittura è il termometro dei cambiamenti.»

Io capivo e non capivo, ma non avevo il coraggio di approfondire. Anziché diminuire, i dubbi si moltiplicavano. Trascorrevano i giorni e continuavo a rimanere al bivio.

Riprendevano le telefonate a Crovi.
«Chiamami fra un mese.»
Passava il mese e richiamavo.
Un altro mese. Un altro mese ancora...
Crovi si dimostrava un formidabile allenatore: scrivere era un esercizio di pazienza.

Mi presentai in Camunia con il progetto del libro newyorkese: l'epopea di un emigrante lucano nell'America degli anni Venti. Gli uffici non erano più in via Cenisio, ma lungo la sponda del Naviglio Grande, in uno stabile non lontano dal pensionato Calasanzio dove avrei dovuto trascorrere gli anni universitari se non mi avessero ammesso al collegio a Lambrate. Da quelle parti aveva abitato anche Vittorini, in un appartamento di viale Gorizia, sicché mentre attraversavo la soglia della casa editrice pensai allo strano miscuglio di acqua e parole.

Per arrivarci, avevo attraversato ponti di pietra e passerelle di ferro, una specie di caccia al tesoro che adesso intuivo finalmente al suo epilogo. Il palazzo odorava di carta stampata e aveva un portone con la scritta GRUPPO EDITORIALE GIUNTI. C'era sempre Augusta Tosone ad accogliermi, ma rispetto agli anni in cui la incontravo in via Cenisio sembrava sorridesse di più: «È là che ti aspetta.»

Crovi continuava ad avere la faccia imbronciata dietro le lenti e la voce perentoria del maestro insoddisfatto, ma era più incline allo scherzo: «Con questo canovaccio balliamo il boogie-woogie.» Poi aggiunse prima di mandarmi via: «Non dimenticare le unità manzoniane. Scrivi capitoli che si chiudano come un cerchio.» E fece il gesto del *tout se tient*...

Credo pensasse a Vittorini che in quello stesso quartiere aveva ricevuto gli scrittori ai primi appostamenti con la letteratura. Crovi era per me quello che Vittorini era stato per lui. La vita riannoda sempre i suoi fili e aveva scelto a testimone l'acqua del Naviglio.

Non ero mai stato a New York. L'unico luogo in Italia che potesse significarmi una rassomiglianza era sotto il Pirellone, a Milano: una piazza di misteriosa verticalità, conquistata palmo a palmo lungo le vetrate silenziose o le colonne in cemento armato. Leggevo i racconti sulla boxe che avevano scritto Jack London e Hemingway. Mi interessavo ai vecchi locali del Greenwich Village, ai ristoranti di Little Italy, ai campi da golf di Long Island. Credo di aver rivisto almeno dieci volte in un mese *Gli intoccabili* e *Cotton Club*. Ascoltavo il jazz di Duke Ellington e la composta disarmonia della *Rapsodia in blu* di Gershwin faceva sperare che gli Stati Uniti contenessero segreti non così irraggiungibili. Poco mancava che parlassi americano, ma di un'America che tenevo solo io in testa e di cui sarebbe stato difficile tradurre una sola parola senza fare cilecca.

Un mattino mi sveglio con un dubbio: come si chiama la giacca del ballerino di tango? Annalisa non me lo sapeva dire. Chiedo agli amici. Chiedo anche a mia madre, contando sui suoi interessi sartoriali: niente. Afferro le Pagine Gialle. Cerco le pubblicità. Compongo il primo numero che mi pare affidabile. Mi risponde una donna dall'accento infastidito.

«Lei sa con chi sta parlando?»

Certo che ne ho idea, sto per dirle: Olga Rossetti, lo dichiarano le Pagine Gialle, la più importante ballerina di tango argentino in Lombardia.

«Lei è uno sfaccendato» mi rimprovera la donna. «Il *Corriere della Sera* aspetta da sei mesi una mia intervista e lei pretende di parlarmi al telefono?»

La conversazione si interrompe bruscamente. Ricompongo il numero e passo la cornetta ad Annalisa: «Magari se sente una voce di donna si commuove.»

«Pronto, mi scusi...»

«Lei sarà parente dello sfaccendato che ha chiamato poco fa» la interrompe Olga Rossetti, dopodiché chiude la conversazione.

Non seppi mai il nome della giacca.

«Forse non ha un nome» ragionava Annalisa.

Nel frattempo sentivo Crovi: «A che punto siamo?»

Mi limitavo a una formula rassicurante: «Speriamo di ballare il boogie-woogie.»

New York era difficile da raccontare per chi non c'era mai stato e non sarebbero bastati i libri o i film per documentarmi. Mi svegliavo di soprassalto: si vede la Statua della Libertà dal ponte di Brooklyn?

Annalisa si svegliava anche lei e sedeva sul letto spaventata.

«L'Empire State Building» chiedevo io, «tu lo sai dove proietta la sua ombra?»

Mi seguiva preoccupata con lo sguardo mentre andavo in soggiorno a stendere un foglio sul tavolo. Quando si alzava, il mattino dopo, mi trovava impegnato a modellare piccoli cartoncini a forma di parallelepipedo, come avevo imparato a fare da mia madre con le scatole di penicillina.

«Manhattan» dicevo io indovinando la domanda che aveva già pronta. «Voglio fare un presepe di grattacieli. Devo capire da che parte il sole proietta l'ombra.»

Non avevamo un altro tavolo su cui poggiare i piatti e il soggiorno era stretto, ma fintanto che il mio libro non fosse arrivato a destinazione i grattacieli di New York sarebbero rimasti lì, in bilico sul niente. Io scrivevo poggiando il computer sulla sedia, un occhio al presepe di Manhattan e l'altro allo schermo. Le mie figlie erano le uniche a divertirsi di quell'improvvisato Natale d'oltreoceano.

Il romanzo lo conclusi dopo un bel po' di tempo. Crovi continuava a ripetere per telefono: «Bisogna indagare nei processi di trasformazione, puntare sull'antropologia.»

Prendevo mentalmente appunti e la notte ripassavo a memoria le sue parole: indagare nei processi di trasformazione, raccontare i cambiamenti. Avrei voluto chiedergli: anche Vittorini la pensava così? Poi il libro arrivò a conclusione e glielo consegnai. Crovi non mi fece attendere nella solita anticamera di telefonate. All'ultima pagina staccò gli occhi dal foglio e non si lasciò andare a nessuna reazione. Io stavo lì, ad aspettare, e pensavo: quest'uomo è stato a tu per tu con Vittorini e Calvino, non è fatto di carne ma di parole.

«Devo avvertirti di una cosa» si interruppe a un certo punto. «Camunia non esiste più.» Si fermò, lesse sul mio volto una smorfia di delusione e riprese: «Però non ti preoccupare: spedisci a Bompiani, Mondadori, Feltrinelli, Einaudi, Rizzoli, Marsilio. Ti faccio da mallevadore.»

Mallevadore, non padrino: una questione di sinonimi, ma era quello che aspettavo.

Prima di essere casa editrice, Marsilio fu una voce femminile che si infilò nel telefono un pomeriggio di settembre.

«Abbiamo letto il libro e lo approviamo» disse questa voce che parlava con accento veneziano ma troppo svelta perché io potessi distinguere le sillabe una per una. «Lo pubblichiamo l'anno venturo.» Probabilmente aspettava da me una reazione che invece non colse. «Mi ha capito?» chiese un paio di volte. Avevo capito, certo che avevo capito, ma era complicato in quel momento dire qualcosa. «La contatteranno dall'ufficio diritti.»

Composi il numero di casa e mi feci passare mio padre: «Mi hanno chiamato da Venezia. Il libro uscirà l'anno che viene.»

Giunse un segnale debole che addebitai al cattivo tempo, nonostante fosse settembre, e un intervallo di silenzio entrò nella conversazione alla stregua di un cifrario segreto, come se ci fosse un patto tra noi due che era giunto all'epilogo: missione compiuta. Pioveva a dirotto e questo confermò il discorso sull'acqua che conoscevo a memoria.

«Avete capito anche voi laggiù?» continuai io. «Mi pubblicano il libro. Ne è valsa la pena lasciare casa!»

Cosa volessi intendere non lo so, ma è probabile che in quell'espressione si riassumesse tutta la mia vita. Mi arrivò una risposta, però smorzata dalla lontananza: «Ne è valsa la pena.» Era stata la voce di mio padre a pronunciarla, la ripeteva anche a mia madre e in quella manciata di parole dette d'un fiato credo si radunasse tutto: il *tam tam* del muro, l'esperimento americano, l'annuncio di sorellina, il silenzio, la pioggia, il *nihil*, la Lombardia, il Novecento.

Alla fine di quell'anno io e Annalisa prendemmo il treno per Venezia. Era inizio novembre, la data più o meno coincideva con quella del mio trasferimento a Lambrate per gli studi universitari ed era come se si chiudesse la grande parentesi cominciata mentre mia madre lucidava il lampadario con l'ovatta. Milano restava la città dei libri, ma per un'oscura intuizione del futuro non dovevano essere i suoi editori ad accogliere il mio dattiloscritto, piuttosto quello di un'altra città, anch'essa e forse meglio ancora edificata sopra l'acqua.

Non ci volle molto a trovare l'edificio dall'intonaco color sangue a ridosso di un cavalcavia dove ogni giorno treni e autobus scaricavano turisti occasionali. La casa rossa – il punto del mondo in cui Cesare De Michelis stava di vedetta ad aspettare manoscritti in bottiglia – era come se volesse farsi contemplare, poggiata al confine tra un ponte e un canale, una via d'acqua e una via di terra, tra un Oriente che non voleva morire e un Occidente che non voleva nascere. Come l'Appennino da cui venivo io.

Non rimanemmo un attimo in più del dovuto, io e Annalisa, ad ammirare la facciata e nel varcare il portone d'ingresso, in quel gesto che non fu un salto ma il riassunto delle mie attese, il silenzio che aveva aggrumato il sangue e messo in subbuglio il sottosuolo trovò la strada per guarire le ferite, stavolta per sempre. Una vita si ricomponeva con quella che mi aveva preceduto e io mi sentii pronto per uscire dalla mia ultima, faticosa preistoria.

20

Ipotesi sul dimenticare (diciott'anni dopo)

Succede mentre aspetti il volo negli aeroporti e arrivano in sottofondo gli annunci degli altoparlanti, le risate delle comitive in procinto di imbarcarsi, le tazzine da caffè che si urtano nei lavandini. Succede quando percorri i gradini di un edificio con il passo sovrappensiero o viaggi nel vagone di un treno per pendolari. Succede anche quando ti trovi a casa, da solo, in poltrona, e la pioggia spruzza i vetri, bagna i muri.

Ti fermi non più di un attimo e quell'attimo vale un'esistenza. Ogni cosa transita da lì, nell'attesa che un ricordo arrivi a ricucire una distanza. Tu sei dentro una corteccia di silenzio, come se il mondo non avesse più bisogno di parole, gesti, odori per continuare la sua corsa. Poi tutto riprende a muoversi, gli aerei, i treni, la pioggia, e il camminare del tempo smorza la sensazione di vuoto. Noam Chomsky dice che il linguaggio è «*make infinite use of finite means*», fare un uso infinito di mezzi finiti, l'unica verità in cui ho creduto.

Naline, il domestico, è stato l'ultimo a uscire. Mi ha insegnato come si fa a chiudere la porta e indicato il pulsante del cancello dove finisce il giardino. La prima reazione che ho avuto, appena sono rimasto solo, è stata di ammirare l'immensa libreria che parete dopo parete, spigolo dopo spigolo, fa il giro della casa. Ha un ordine alfabetico, ma non ho mai capito da che parte sia la lettera A e dove arrivi la Z. La prima volta che mi sono fermato a dormire qui, mi è stata assegnata la stanza degli ospiti, quella con i libri dalla O alla P. Le altre procedono in avanti, dalla R alla S l'una, dalla T alla V l'altra.

Qualche passo e sono ai divani, spalle al muro. Muro è dire troppo. Non si sa di che materia sia fatto, se di mattoni, pietre, cemento o carta. Non si vede l'intonaco. È tutta una biblioteca questa casa: una collezione di volumi che all'occorrenza si trasforma in soggiorno, salotto, cucina, camera da letto, ma rimane pur sempre una collezione di volumi, di cui si ignora quale sia stato il primo, quello fondativo. Probabilmente non ne esiste uno. Qui tutto sarà cominciato per accumulo, per addizioni, fino a formare il lunghissimo serpentone che segue le curve delle scale, la linea dei corridoi, l'architrave delle porte, la geometria dei mobili, il quadrato dei letti, il parallelepipedo delle cassettiere. Libri ovunque, di ogni dimensione e colore: cataloghi, diari, registri, portolani, epistolari, romanzi, saggi, agende.

In un angolo vedo il trench appeso all'attaccapanni: un modello all'inglese, beige chiaro e con la fodera scozzese. Cesare lo indossava negli autunni, me lo ricordo bene addosso a lui, abbottonato fino al collo, se pioveva, o largo, a campana. Cesare è Cesare De Michelis, il mio editore. L'impermeabile gli donava un aspetto londinese. Adesso sta lì, dove inizia la scalinata che conduce al piano di sopra. Pare che aspetti la pioggia.

Stanotte è l'ultima prima dell'addio a Cesare. È morto quattro giorni fa, a Cortina d'Ampezzo, e domani arriverà a Venezia per la cerimonia di congedo. Che scherzo ci hai fatto, Cesare, sto per dire mentre osservo l'impermeabile, andartene alla vigilia di Ferragosto senza nemmeno salutarci.

Cerco di immaginare come sarebbe se gli fosse dato di varcare le porte del tempo e trovarsi qui, adesso, davanti a me, in quel miracolo di intelligenza che Dante Alighieri definisce «*trasumanar per verba*», andare oltre la soglia umana sulle ali delle parole. Cosa accadrebbe se bussasse davvero alla porta, alto e dinoccolato come la prima volta al Lingotto, una pertica che torna a mettermi soggezione? Magari basterebbe allungare un braccio, accarezzare una fila di libri per capirsi. Altrimenti che altro può significare questo *trasumanar*?

Mi piacerebbe conoscere il racconto di questa casa, se qualcuno ci ha abitato prima e quando esattamente in Cesare è germogliata l'idea di fasciare i muri di opere stampate tanto da rendere ogni stanza, i corridoi, le scale, i disimpegni, un infinito nastro di parole. Ci dev'essere un segreto, ripeto due volte, ci dev'essere un segreto che ha fatto crescere questa casa e anche l'altra, la Marsilio. Tempo fa il *Corriere della Sera* gli aveva dedicato un'intervista e lui stava al centro della pagina, in una foto che aveva uno spicchio di laguna sullo sfondo. Solo guardarli uno per uno, questi libri, leggere di sfuggita titolo e autore, sarebbe già una buona ragione per disertare il funerale di domani. Che augurio gli sto facendo: Cesare come Sherazad. Più si sta in mezzo alle storie e più si trattiene la vita.

Questo della sopravvivenza era un discorso antico tra noi, quando ci incontravamo. Lui pensava che gli uomini scrivessero per curarsi i mali, io per salvare. O salvarsi: avere il futuro di essere ricordati, come disse mio padre mentre partivo la prima volta per Milano. Lo indica il lessico informatico, dicevo io a Cesare, il tasto SALVA che clicchiamo quando usiamo il programma Word. Lo chiediamo perfino a Dio quando preghiamo: scrivi i nostri nomi sul libro della vita. Dio scrive, Dio narra. E ci basta una copertina per vincere la paura di morire. Un libro è l'illusione dell'immortalità. Altrimenti perché scrivere?

Cesare quelle volte mi guardava e sorrideva, ma non diceva niente. La sua vita è stata come quella di Noè: anche lui aveva avuto il libro su cui appuntare i nomi e non era nemmeno un libro di carta, ma di legno, un'imbarcazione. Questa casa, la casa di Cesare, è un'arca dove tutto si salva, perfino il tempo di questa notte che trascolora in una metrica difficile da calcolare.

Scriviamo davvero per l'immortalità?

È la domanda che non gli ho mai rivolto e so che questo mio parlare è figlio di un desiderio. Se Cesare fosse qui, approfitterei per dirgli tutto ciò che non ho fatto in tempo, per pudore, per viltà, per quella soggezione che non è mai completamente sparita dal primo incontro: confessargli, per esempio, che il suono della pioggia è stato per me l'inizio della scrittura, che non potevo trovare altro editore se non uno che abitasse sul mare. Aveva ragione quel mattino a Firenze: i libri hanno bisogno di acqua per navigare.

Non ho mai conosciuto la rotta che hanno percorso le bottiglie con i miei dattiloscritti prima di approdare alla Marsilio, però mi è parso un miracolo come sia capitato, io che venivo dall'Appennino e non avevo dimestichezza con il mare. Un miracolo di venti e di correnti, un calcolo di numeri immaginari. Ma la vita, ci dicevamo Cesare e io durante i nostri incontri, la vita prende valore in quella civiltà di cui Aldo Manuzio, a Venezia, era stato il primo dio. Sapevamo bene dove portavano queste idee: abbiamo lasciato l'età dei padri per approdare a qualcosa che sta dopo la modernità, oltre la linea del progresso, eppure continuiamo ugualmente a raccontare.

Perché?

Cesare non parlava mai del passato. Quel poco che conosco dei suoi ricordi lo devo a un libriccino che pubblicò qualche anno fa in un'edizione per i suoi amici. Si bloccava nell'atto di cominciare. La sua era una forma di riservatezza, come se la memoria volesse affidarla ai titoli che stampava di anno in anno, alle scelte che compiva, alle collane che alimentava, che poi sono come un unico, grande libro.

Certo era la modernità la più grande favola a cui credeva. Ci tornavamo spesso e Cesare usava attenzione, mai una volta che si fosse sbilanciato, eppure l'argomento lo catturava, lui così guardingo, curioso, ci aveva dedicato un bel po' di pagine con un titolo che non sarebbe dispiaciuto ad Albert Camus: *Moderno antimoderno*. Come dire, usando altre parole, il dritto e il rovescio del mondo.

Io non so dove l'avrebbe spinto il rompicapo del moderno e nemmeno conosco dove sarebbe arrivato il discutere di noi due sull'ossessione del tempo e sui miracoli dell'immaginazione, ma da qualche parte, stanotte, andrà a radunarsi il mio scontento per non aver fatto in tempo a parlargli fino in fondo, a dirgli le ragioni per cui a me è capitato di scrivere. C'è dell'altro che non è figlio del ricordo, avrei confessato a Cesare. È un'ipotesi la mia, certo, nient'altro che un'ipotesi, ma l'avrei voluta condividere con lui, vedere come avrebbe reagito di fronte a Marco Polo che si concede alla dolcezza di una verità quando Kublai Khan gli domanda: «Come mai non c'è Venezia nei tuoi racconti?»

Non importa che la presenza di Cesare in questo momento sia soltanto un desiderio. Vado allo scaffale, estraggo *Le città invisibili*, apro e leggo: «*Le immagini della memoria, una volta fissate con le parole, si cancellano.*» Scriviamo ciò che è destinato a essere cancellato, scriviamo per dimenticare. Un meccanismo strano: la letteratura è la malattia dell'oblio, non della memoria. Questo avrei voluto dire a Cesare, se fosse venuto a tenermi compagnia.

È passato del tempo, ma non saprei calcolare quanto. Mi sporgo oltre la porta, spio nel buio, faccio qualche passo tra le piante. Il giardino è avvolto nel silenzio e nessuna traccia mi riporta a questa notte che mi è parso di trascorrere con Cesare. Basta questo per morire: non parlarsi più.

Tutto è rimasto come quando Naline se n'è andato, i libri sulle mensole, i divani, il tavolo, tutto tranne il cielo che adesso, nel farsi chiaro, comincia a illuminare l'altezzosa bellezza di questa città perennemente in bilico tra il desiderio di stupire e la paura di non sopravvivere. Qualche barca starà già muovendosi nei canali e la scia sarà ciò che resta del suo transitare silenzioso, una specie di scrittura sopra l'acqua. Pochi attimi ancora e sparirà, cancellata dalla faccia della terra come memoria estinta, frutto di una svista, qualcosa sfuggito ai territori che ci teniamo in fondo all'anima, nelle regioni sotterranee del non detto. La parte di noi migliore, la più fedele a quel che siamo e che un giorno proveremo a raccontare. Un giorno però, quando ci sentiremo pronti, non ora.

Aspettiamo. E, nell'attesa che arrivi, transita la vita.

Indice

Stampato da
Grafica Veneta S.p.A., Trebaseleghe (PD)
per conto di Marsilio Editori® in Venezia

EDIZIONE	ANNO
10 9 8 7 6 5 4 3 2 1	2019 2020 2021 2022 2023